国家社会科学基金教育学一般课题"面向个性化学习的中小学互联网教育服务评价体系研究"（批准号：BCA170075）成果

互联网教育服务

分析、评价与实践

魏雪峰 著

中国社会科学出版社

图书在版编目（CIP）数据

互联网教育服务：分析、评价与实践／魏雪峰著．—北京：中国社会科学
出版社，2023.7

ISBN 978 - 7 - 5227 - 2110 - 1

Ⅰ.①互…　Ⅱ.①魏…　Ⅲ.①网络教育—教学研究—中小学　Ⅳ.①G632.0

中国国家版本馆 CIP 数据核字（2023）第 109117 号

出 版 人	赵剑英
责任编辑	王　琪
责任校对	杜若普
责任印制	王　超

出　　版	中国社会科学出版社
社　　址	北京鼓楼西大街甲 158 号
邮　　编	100720
网　　址	http://www.csspw.cn
发 行 部	010 - 84083685
门 市 部	010 - 84029450
经　　销	新华书店及其他书店

印　　刷	北京明恒达印务有限公司
装　　订	廊坊市广阳区广增装订厂
版　　次	2023 年 7 月第 1 版
印　　次	2023 年 7 月第 1 次印刷

开　　本	710×1000　1/16
印　　张	10
插　　页	2
字　　数	151 千字
定　　价	56.00 元

前　　言

　　教育是国之大计、党之大计。党的二十大首次将"推进教育数字化"写进大会报告。"互联网＋教育"是推进教育数字化的重要内容，是深化教育服务模式改革的变革阶段。在教育领域，互联网产品和服务是互联网教育最显性的表征。互联网教育服务是利用互联网技术（如云计算、学习分析、物联网、人工智能等）解决教育问题、促进个性化学习进而实现教育公平的新型服务模式。客观、全面的评价体系是衡量互联网教育服务质量的重要依据，也是开展"互联网＋教育"、促进个性化学习的重要保障。"互联网＋"推动的教育发展将极大地促进我国教育资源供给与适应性服务能力的提升，有利于建设全民终身学习的学习型社会、学习型大国。因此，如何对互联网教育服务效果开展全面评价显得尤为迫切。

　　本书以互联网教育服务分析、评价与实践为主线，研究内容包括以下三部分。

　　（1）对比分析中美两国中小学互联网教育服务体系。以美国得克萨斯州丹顿独立学区（Denton Independent School District）为例，分析了美国中小学互联网教育服务体系的架构和组成，介绍了得克萨斯州教育技术中心的发展历史、合作伙伴及开展的项目。在此基础上，选取了美国中小学课堂教学中常用的数学类、阅读类、编程类、综合类教育产品进行分析，介绍了产品特点及典型案例。选取美国 Newton Rayzor 小学作为案例，进行深入分析。

　　（2）构建了中小学互联网教育服务测评框架。基于技术接受模型

(Technology Acceptance Model，TAM) 和系统可用性量表 (System Usability Scale，SUS)，建立互联网教育服务测评指标，编制相应问卷，通过专家访谈、较大规模测评和数据分析等，形成了中小学互联网教育服务测评框架。测评框架主要由五个维度组成，即内容适配度 (包括针对性、目标指向、内容结构、媒体设计、适用性五个二级指标)、技术规范 (包括架构设计、技术创新、运行维护、安全性四个二级指标)、产品支持度 (包括呈现方式、学习策略、学习支持、反馈评价、用户界面、有效性六个二级指标)、互联网学习认知 (包括学习引导、即时反馈、泛在学习、创意性、一致性五个二级指标)、用户体验 (包括易用性、学习指导、动机激发、媒体效果、操作帮助五个二级指标)。

(3) 设计有效策略，开展了互联网教育产品在中小学课堂教学中的应用实践。基于对互联网教育产品应用的关键因素分析，课题组针对初中数学教学中的诊断与干预问题，提出了教育测评机器人的理念构想，并在课堂教学中开展应用；针对小学语文教学中学生习作构思困难的问题，设计了协作思维导图策略，提升小学生构思能力和习作水平；针对翻转课堂教学中学生课前观看视频不认真的问题，设计了视频观看策略，并在初中数学课堂教学中应用，取得良好效果。

针对互联网教育服务体系，本书前面几章分析了我国高等教育与基础教育技术应用发展趋势 (从技术应用的关键趋势、技术应用的重大挑战、技术重要发展三个维度)，对比分析了中美两国中小学互联网教育服务体系，构建了互联网教育服务评价框架 ("内容适配度""技术规范""产品支持度""互联网学习认知""用户体验"五个维度)。

基于前面章节的分析，针对传统作业批改反馈不及时、教师工作量大等问题，第五章从初中数学内容特点出发，提出了教育测评机器人的理念构想，并在初中数学课堂教学中应用。针对小学语文教学中习作难的问题，第六章从学生角度出发，发挥思维导图有助于习作构思可视化的优势，提出协作思维导图策略，并开展了三轮行动研究。已有翻转课堂平台对教学视频观看策略关注不足，缺少教学视频观看的"用户体验"，针对这一问题，第七章设计了翻转课堂教学过程中视频观看策略，并在初中数学课堂开展应用。

　　本研究的开展有助于提升学生个性化学习体验，可为政府相关部门做出更为精准的教育公共产品和服务决策提供依据，可为学校因材施教、学生个性化学习、家长购买教育服务、企业调整教育产品结构提供前瞻性指导，同时也可为我国正在深入实施的教育数字化战略行动提供有益借鉴。

目　　录

第 一 章

绪　　论

第一节　研究背景

当前，"网络原住民"增多，互联网突破了课堂的边界、学校的边界、求知的边界，"万维空间"挑战三尺讲台，① 教育变革要跟上时代步伐。"互联网＋"正成为中国社会发展的新引擎。互联网推动的教育发展极大地促进了我国教育资源供给与适应性能力服务的提升。2015 年以来，国家出台了《关于积极推进"互联网＋"行动的指导意见》（国发〔2015〕40 号）等相关政策措施支持互联网教育的发展。"互联网＋"作为教育信息化的新动力，为信息技术与教育的深度融合提供了条件保障，为人才培养目标提出了新要求，为新型学习方式的实现提供了手段支撑，为现代学习环境的构建提供了技术支持。《国家教育事业发展"十三五"规划》（国发〔2017〕4 号）提出探索建立"互联网＋教育"管理规范，发展互联网教育新业态，促进个性化学习。

不同学者对互联网教育服务有着不同的概念界定。陈丽认为"互联网＋教育"特指运用云计算、学习分析、物联网、人工智能、网络安全等新技术，跨越学校和班级的界限，面向学习者个体，提供优质、灵活、个性化教育的新型服务模式。② 余胜泉等认为"互联网＋教育"既可以实现传统教育所关注的规模，又可以实现优质教育所关注的个性化；既能够实现每个人都应该有的公平，又能够实现跟每个人能力相匹配的高质

---

① 陈宝生：《教育部长谈 2017 年教育工作，老师的这些方面受到关心》，《中国教育报》2017 年 2 月 8 日。

② 陈丽：《"互联网＋教育"的创新本质与变革趋势》，《远程教育杂志》2016 年第 4 期。

量的服务。本研究认为，互联网教育服务是指借助互联网等信息技术转变教学和学习方式，是互联网和教育深度融合的一种新型的教育形态。[1]它改变了传统教育把学习空间局限在教室里的教学模式，使学习无时无处不在。

互联网教育服务是利用互联网技术（如云计算、学习分析、物联网、人工智能等）解决教育问题、促进个性化学习进而实现教育公平的新型服务模式。客观、全面的评价体系是衡量互联网教育服务质量的重要依据，也是开展"互联网 + 教育"、促进个性化学习的重要保障。"互联网 +"推动的教育发展将极大地促进我国教育资源供给与适应性服务能力的提升，因此如何对互联网教育服务效果开展全面评价显得尤为迫切。

一 互联网教育服务已引起广泛重视

在教育领域，互联网产品和服务是互联网教育最显性的表征。[2] "互联网 + 教育"是教育信息化的新阶段和新机遇，是深化教育服务模式改革的变革阶段[3]。互联网教育服务指运用云计算、学习分析、物联网、人工智能、网络安全等新技术，跨越学校和班级界限，面向学习者个体，提供优质、灵活、个性化教育的新型服务模式。其理念和组织方式不同于传统学校教育，是在线教育发展的新阶段，具有技术与教育融合、创新的特征。[4] 如慕课（MOOCs）创新了一种优质教育的开放服务模式，[5]可汗学院在线平台（Khan Academy）证明了草根也可以提供教学服务，成为全球开放教育发展中最具影响力的产品之一，[6] 翻转课堂改变了课堂

---

① 余胜泉、王阿习：《"互联网 + 教育"的变革路径》，《中国电化教育》2016 年第 10 期。
② 黄荣怀、刘德建、刘晓琳、徐晶晶：《互联网促进教育变革的基本格局》，《中国电化教育》2017 年第 1 期。
③ 陈丽：《"互联网 + 教育"的创新本质与变革趋势》，《远程教育杂志》2016 年第 4 期。
④ 陈丽：《"互联网 + 教育"的创新本质与变革趋势》，《远程教育杂志》2016 年第 4 期。
⑤ Daniel，J.，"Making Sense of MOOCs：Musings in a Maze of Myth，Paradox and Possibility"，*Journal of Interactive Media in Education*，Vol. 18，2012，pp. 148 – 167.
⑥ 方圆媛：《翻转课堂在线支持环境研究——以可汗学院在线平台为例》，《远程教育杂志》2014 年第 6 期。

教学的职能。① 互联网正在引发教育格局发生剧变，② 黄荣怀等认为，"互联网 +"推动的教育发展将极大地促进我国教育资源供给与适应性服务能力的提升，提出了互联网教育进化的"蝴蝶效应"模型。③ 余胜泉等认为"互联网 +"塑造了新的教育服务供给方式，教育服务供给呈现社会化、个性化特点。④ 互联网教育服务已引起广泛重视，然而，目前缺乏对互联网教育服务效果的有效评价体系。

二 互联网教育产品应用影响因素需要深入分析

互联网教育产品是互联网教育服务的主要表现形式，是互联网教育教学内容、教学方式和教学环境的基本载体，⑤ 包括教育 App、学习平台/资源等。互联网教育产品作为一种新兴技术产品，在课堂教学中的应用受到个人、组织等多种因素的制约。关于个人因素，教学技能是反映个人使用某项新技术胜任能力的重要指标。Pituch 和 Lee 研究发现，教学技能并不能直接影响用户的技术使用行为，主要通过影响用户对技术的难易感知间接制约用户的使用行为。⑥ 关于组织因素，Venkatesh 和 Davis 指出，个体在技术接受行为决策中很容易受到来自组织群体内部重要人物的影响，这些人物的态度和行为会潜移默化地影响个体对某项技术的使用选择。⑦ 关于群体倾向与个人技术接受行为之间的影响关系，有研究表明，群体倾向会直接影响个体对某技术的接受行为。如孟

---

① 何克抗：《从"翻转课堂"的本质，看"翻转课堂"在我国的未来发展》，《电化教育研究》2014 年第 7 期。

② United Nations Educational, Scientific and Cultural Organization, *Rethinking Education*：*Towards a Global Common Good*, France：UNESCO Publishing, 2015.

③ 黄荣怀、刘德建、刘晓琳、徐晶晶：《互联网促进教育变革的基本格局》，《中国电化教育》2017 年第 1 期。

④ 余胜泉、王阿习：《"互联网 + 教育"的变革路径》，《中国电化教育》2016 年第 10 期。

⑤ 黄荣怀、刘德建、吴志祥、张定文、曾海军、李美爽、包昊罡、焦艳丽、吴淑豪、黄少怀、庄榕霞、张颖、屈晓春、刘晓琳、邹红艳：《2016 中国互联网教育产品发展指数报告》，北京师范大学智慧学习研究院，2016 年。

⑥ Pituch, K. A., Lee, Y., "The Influence of System Characteristics on E-learning Use", *Computers & Education*, Vol. 47, 2006, pp. 222 – 244.

⑦ Venkatesh, V., & Davis, F. D., "A Model of the Antecedents of Perceived Ease of Use：Development and Test", *Decision Sciences*, Vol. 27, 1996, pp. 451 – 481.

静雅认为群体倾向会直接影响教师实施网络教学的实际行为。[①] 新兴技术在基础教育中的应用需要获得所在机构或组织在政策和技术上的全力支持。Venkatesh 等人研究发现，组织机构提供的政策或技术支持上的便利显著影响个体的技术使用行为。[②] Escobar-Rodriguez 等人的研究结果表明，培训等技术服务能显著影响学生对 Moodle 平台的感知有用性和感知易用性[③]。在我国特定的教育情境下，影响互联网教育产品应用的因素有哪些？作用机理是什么？这些问题都需要结合我国基础教育现状及特点深入挖掘和分析。

三 互联网教育服务评价体系亟须构建

开放的教育服务体系具有融合性、消费驱动的个性化、汇聚性、协同性等特征，同时需要智能化的技术环境和开放的教育制度两个系统来支撑。[④] 国外对互联网教育平台的评价主要集中于教学内容、[⑤] 有用

---

① 孟静雅：《技术接受模型下高校教师网络教学的行为特征与优化》，《中国电化教育》2014 年第 2 期。

② Venkatesh, V., Bala, H., "Technology Acceptance Model 3 and a Research Agenda on Interventions", *Decision Sciences*, Vol. 39, 2008, pp. 273 – 315.

③ Escobar-Rodriguez, T., & Monge-Lozano, P. "The Acceptance of Moodle Technology by Business Administration Students", *Computers & Education*, Vol. 58, 2012, pp. 1085 – 1093.

④ 陈丽：《"互联网 + 教育"的创新本质与变革趋势》，《远程教育杂志》2016 年第 4 期。

⑤ Hwang, G. J., Wu, C. H., Tseng, J. C. R., & Huang, I., "Development of a U-biquitous Learning Platform Based on a Real-time Help-seeking Mechanism", *British Journal of Educational Technology*, Vol. 42, 2011, pp. 992 – 1002. Ke, F., & Kwak, D., "Online Learning Across Ethnicity and Age: A Study on Learning Interaction Participation, Perception, and Learning Satisfaction", *Computers & Education*, Vol. 61, 2013, pp. 43 – 51. Wu, C. H., Hwang, G. J., & Kuo, F. R., "Collab-analyzer: an Environment for Conducting Web-based Collaborative Learning Activities and Analyzing Students' Information-Searching Behaviors", *Australasian Journal of Educational Technology*, Vol. 30, 2014, pp. 356 – 374. Liao, Y. C., Liao, C. W., Chen, C. H., & Liao, Y. H., "A Study on Learning Effects of Integrating Information Technology into E-lectronics Curriculum Teaching", *International Journal of Information and Education Technology*, Vol. 6, 2016, p. 831.

性①②③④、易用性⑤⑥⑦和用户界面⑧⑨⑩。北京师范大学智慧学习研究院发布了《2016 中国互联网教育产品发展指数报告》，给出了互联网教育发展指数的计算方法和流程，⑪ 从内容适配度、平台支持度、技术规范、互联网学习认知、用户体验和社会评价六个方面考察互联网产品对教育的贡献度。基础教育不同于高等教育和成人教育，在指标体系中要有所体现。在测评结果的基础上，仍需要对互联网教育产品的实际效果开展深入

① Davis, F. D. , "Perceived Usefulness, Perceived Ease of Use, and User Acceptance of Information Technology", *MIS Quarterly*, Vol. 13, 1989, pp. 319 – 340.

② Wu, C. H. , Hwang, G. J. , & Kuo, F. R. , "Collab-analyzer: An Environment for Conducting Web-based Collaborative Learning Activities and Analyzing Students' Information-Searching Behaviors", *Australasian Journal of Educational Technology*, Vol. 30, 2014, pp. 356 – 374.

③ Cawthon, P. M. , Blackwell, T. L. , Cauley, J. , Kado, D. M. , Barrett - Connor, E. , Lee, C. G. , & Ensrud, K. E. , "Evaluation of the Usefulness of Consensus Definitions of Sarcopenia in Older Men: Results From the Observational Osteoporotic Fractures in Men Cohort Study", *Journal of the American Geriatrics Society*, Vol. 63, 2015, pp. 2247 – 2259.

④ Kiełtyka, B. , Rawojć, K. , Kisielewicz, K. , & Markiewicz, I. , "Evaluation of the Usefulness of Dose Calculation Algorithms in Radiotherapy Planning", *Radiotherapy and Oncology*, Vol. 118, 2016, pp. S88 – S89.

⑤ Brooke, J. , "SUS—A Quick and Dirty Usability Scale", *Usability Evaluation in Industry*, Vol. 189, 1996, pp. 4 – 7.

⑥ Harrati, N. , Bouchrika, I. , Tari, A. , & Ladjailia, A. , "Exploring User Satisfaction for E-learning Systems Via Usage-based Metrics and System Usability Scale Analysis", *Computers in Human Behavior*, Vol. 61, 2016, pp. 463 – 471.

⑦ Georgsson, M. , & Staggers, N. , "Quantifying Usability: An Evaluation of a Diabetes MHealth System on Effectiveness, Efficiency, and Satisfaction Metrics with Associated User Characteristics", *Journal of the American Medical Informatics Association*, Vol. 23, 2016, pp. 5 – 11.

⑧ Yui, B. H. , Jim, W. T. , Chen, M. , Hsu, J. M. , Liu, C. Y. , & Lee, T. T. , "Evaluation of Computerized Physician Order Entry System—a Satisfaction Survey in Taiwan", *Journal of Medical Systems*, Vol. 36, 2012, pp. 3817 – 3824.

⑨ Chen, H. R. , & Huang, J. G. , "Exploring Learner Attitudes toward Web-based Recommendation Learning Service System for Interdisciplinary Applications", *Educational Technology & Society*, Vol. 15, 2012, pp. 89 – 100.

⑩ Harrati, N. , Bouchrika, I. , Tari, A. , & Ladjailia, A. , "Exploring User Satisfaction for E-learning Systems Via Usage-based Metrics and System Usability Scale Analysis", *Computers in Human Behavior*, Vol. 61, 2016, pp. 463 – 471.

⑪ 黄荣怀、刘德建、吴志祥、张定文、曾海军、李美爽、包昊罡、焦艳丽、吴淑豪、黄少怀、庄榕霞、张颖、屈晓春、刘晓琳、邹红艳：《2016 中国互联网教育产品发展指数报告》，北京师范大学智慧学习研究院，2016 年。

研究。

综上所述,当前我国互联网教育存在新技术强化旧教育、服务含金量低、服务相互不兼容、不了解实际需求等问题。"互联网 + 教育"着力解决我国教育资源供给与适应性服务能力不足等问题。如何评价互联网教育服务效果是当前研究的缺失。为此,本书拟对互联网教育产品开展国际比较,分析互联网教育产品应用影响因素,建立互联网教育产品评价指标体系并实施测评,开展实证研究,进而反映出中小学互联网教育的发展现状,促进信息技术与教育的互利共生发展。核心研究问题包括以下几点。

(1)影响基础教育互联网教育产品应用的关键性因素是什么?包括几个维度?

(2)如何构建中小学互联网教育服务评价指标体系?

(3)如何基于互联网教育产品特点设计有效策略,提升学习效果?

第二节 研究意义

本研究对中小学互联网教育服务体系进行分析,总结提炼影响因素,建立测评框架,开展实证研究,对于互联网教育的开展具有重要的学术价值和应用价值。

一 学术价值

(一)探索我国基础教育互联网教育产品应用的关键性因素

本研究通过对互联网教育产品在基础教育应用的影响因素进行深入分析,确立我国基础教育互联网教育产品应用的影响因素模型,有效解释互联网教育产品应用过程中出现的问题,并对基础教育互联网教育产品发展趋势的预测提供依据。

(二)构建基础教育互联网教育产品评价框架,引导"互联网 + 教育"的健康发展

互联网教育产品能够提升学生学习体验,促进教育和社会发展,是衡量一个国家或地区的互联网教育发展的重要标准。构建互联网教育产

品评价框架对引导我国"互联网＋教育"的健康发展具有现实价值。

二　应用价值

（一）为政府做出更为精准的教育公共产品和服务决策提供依据

在"互联网＋"时代，信息技术的发展更好地优化了公共服务资源，互联网教育产品评价指标体系研究可以为政府了解互联网教育行业发展状况提供参考，为政府做出更为精准的教育公共产品和服务决策提供依据。

（二）为学校因材施教、学生个性化学习提供前瞻性指导

对互联网教育服务的影响因素和评价体系进行研究，有利于学校选择更有针对性的教育产品来辅助教学，改变学习时空，改善教学方式，丰富教学内容，提高教学效率；有利于为学生提供个性化的学习服务，提供具有选择性的自主学习内容，不断优化学习效果，同时也可为家长购买优质互联网教育服务、为企业调整产品结构提供参考依据。

（三）为探索建立"互联网＋教育"管理规范，发展互联网教育新业态提供重要参考

目前，我国鼓励企业和其他社会力量开发数字教育资源，建立互联网教育产品评价指标体系，有利于探索建立"互联网＋教育"管理规范，同时也为发展互联网教育新业态提供重要参考。

第三节　研究方法

本研究综合使用问卷调查法、德尔菲（Delphi）法、比较法、访谈法和案例分析法等。

一　问卷调查法

根据中小学互联网教育服务应用情况，选取有代表性的中小学开展互联网教育服务应用影响因素调查，获得我国基础教育互联网教育服务应用影响因素。问卷共有五个维度，分别为教学技能、群体倾向、政策支持、有用性感知和易用性感知，问题采用李克特五点计分设计。

二 德尔菲（Delphi）法

邀请高校学者、中小学一线教师、企业互联网教育产品设计师等组建专家团队，通过在线讨论的方式，对中小学互联网教育服务评价指标反复讨论和探究，在专家讨论率高于 75% 以后，筛选和统计讨论内容，并汇总成表。再利用专家投票的方式，对前期筛选出的可能的互联网教育服务评价指标进行反复讨论，删除专家高度不一致的选项，经过几轮征求意见，使专家组的意见趋于集中，便于专家组在互联网教育服务评价指标上达成共识。

三 比较法

围绕互联网教育服务应用影响因素和评价指标，对国内外互联网教育服务进行横纵向比较，提炼我国基础教育互联网教育服务应用影响因素及评价维度。

四 访谈法

对中小学校长、教师、学生、家长和企业互联网教育产品设计师访谈，了解学生使用互联网教育产品情况，并对实际应用效果进行分析评价。同时，笔者在美国北得克萨斯大学学习技术系从事博士后研究期间，共访谈了 7 位教育技术领域国际专家，其中包含 6 位美国教育和通讯技术协会（Association for Educational Communications and Technology，AECT）现任及前任的主席和执行总裁。在对访谈文本编码的基础上，设计互联网教育服务测评框架。

五 案例分析法

从小学、初中和高中选择典型互联网教育产品应用案例，追踪记录学生使用互联网教育产品情况，并对应用效果进行评价，分析内在机制，建立我国基础教育互联网教育产品应用典型案例库。

第二章

我国高等教育与基础教育技术应用发展趋势分析

我国《国家教育事业发展"十三五"规划》（国发〔2017〕4号）指出："积极发展'互联网+'教育"，"全力推动信息技术与教育教学深度融合。"① 在信息技术教育教学应用发展趋势方面，美国新媒体联盟（New Media Consortium，NMC）所发布的地平线报告已经成为教育信息化发展的风向标。② 自2004年起，新媒体联盟开始发布地平线报告，预测未来五年内，可能会在教育领域对教学、学习产生重大影响的新兴技术、关键趋势和重要挑战。③ 新媒体联盟地平线报告已经影响了全球160个国家和地区，被翻译成50种语言，目前已经有40余个版本。从年度报告来看，2004年至2008年推出了高等教育版；从2009年开始，每年推出基础教育版；从2010年开始，每年推出博物馆版；从2014年开始，每年推出图书馆版。而区域性报告涉及欧洲、澳大利亚、新西兰等国家和地区。

2016年1月14日，在首届中美智慧教育大会（US-China Smart Education Conference）上，北京师范大学智慧学习研究院与美国新媒体联盟联合发布了首份中国版地平线报告——《2016新媒体联盟中国基础教育技术展望：地平线项目区域报告》（以下简称"中国基教版《地平线报告》"）。该报告从中国基础教育实际情况出发，确定了未来五年中国基础

---

① 国务院：《国家教育事业发展"十三五"规划》，2017年1月颁布。

② 龚志武：《新媒体联盟2015地平线报告高等教育版》，《现代远程教育研究》2015年第2期。

③ 张屹、朱莎、杨宗凯：《从技术视角看高等教育信息化——历年地平线报告内容分析》，《现代教育技术》2012年第4期。

教育领域加速技术应用的九大关键趋势、阻碍技术应用的九大重大挑战以及教育技术的十二项重要发展。在推动高等教育"双一流"建设之际，2017 年 3 月 18 日，北京师范大学智慧学习研究院与美国新媒体联盟联合发布了首份针对中国高等教育的地平线报告——《2017 新媒体联盟中国高等教育技术展望：地平线项目区域报告》（以下简称"中国高教版《地平线报告》"）。该报告根据中国高等教育实际情况，由专家委员会确定了中国高等教育中推动技术应用的九大关键趋势，影响技术应用的九项重大挑战和教育技术的十二项重要发展。

当前，我国正在全力推动信息技术与教育教学深度融合，以教育信息化推动教育现代化。本章将从技术应用关键趋势、重大挑战与重要发展等方面对中国高教版《地平线报告》与中国基教版《地平线报告》进行深入分析，有助于厘清新兴技术在高等教育和基础教育应用方面存在的差异，有助于为教育决策机构提供政策建议，从而提升我国高等教育和基础教育阶段的教学、学习及创造性探究成果。

第一节 《地平线报告》高等教育与基础教育的对比分析

一 研究方法及流程

在中国高教版《地平线报告》和中国基教版《地平线报告》项目开展过程中，专家委员会采用更新的德尔菲（Delphi）研究方法，经过了桌面研究（Desktop research）、在线讨论、多轮投票、案例收集和报告撰写等阶段，最终确定报告内容。

《地平线报告》专家委员会遴选遵循公平、公正、公开原则。中国高教版《地平线报告》专家委员会由 85 位专家自愿加入，涵盖了教育管理部门、教育技术学科专家、高校领导、高校教务处、高校装备实验系统、教育信息化行业企业、行业媒体、成人网络教育、高校教育信息化工作机构、电教馆 10 大类别，既有政府官员、学校领导等决策者，又有教育技术学科专家、高校教育信息化工作机构负责人等实践者。中国基教版《地平线报告》专家委员会成员包括 65 名中小学校长、中小学一线教师、教育技术学科专家和教育机构管理人员，来自全国 22 个省、直辖市等，包括香港、台湾地区。

二　结果对比

本节从"推动技术应用的关键趋势""影响技术应用的重大挑战"和"教育技术的重要发展"三方面对比分析。

（一）推动技术应用的关键趋势对比分析

中国高教版《地平线报告》和中国基教版《地平线报告》中推动技术应用的关键趋势对比分析如表 2 - 1 所示，具体分析如下。

表 2 - 1　　　　　　　　　推动技术应用的关键趋势对比

影响趋势　　　《地平线报告》	2017 中国高等教育技术展望	2016 中国基础教育技术展望
短期趋势（未来一至二年）	更多应用混合式学习设计	更多应用混合式学习设计
	开放教育资源快速增加	开放教育资源快速增加
	STEAM 学习的兴起	发现式学习日益增多
中期趋势（未来三至五年）	重设学习空间	重设学习空间
	跨机构协同日益增加	日益注重测量学习
	反思高校运作模式	新形式跨学科研究兴起
长期趋势（未来五年或更长时间）	推进变革和创新文化	推进文化变革与创新
	转向深度学习方法	转向深度学习方法
	程序编码素养的兴起	学生从消费者转变为创造者

1. 短期（未来一至二年）趋势

在短期趋势方面，"更多应用混合式学习设计"与"开放教育资源快速增加"均为我国高等教育和基础教育中推动技术应用的短期趋势。在三项短期趋势中有两项高度一致，说明"混合式学习"在短期内将成为大学和中小学教育的重要趋势，大学和中小学对开放教育资源的需求也将快速增加。另外，"STEAM 学习的兴起"将成为我国高等教育中推动技术运用的一项短期趋势。而"发现式学习日益增多"则成为我国基础教育中推动技术运用的另一项短期趋势。

2. 中期（未来三至五年）趋势

在中期趋势方面，"重设学习空间"成为我国高等教育和基础教育中推动技术应用的中期趋势。另外，"跨机构协同日益增加""反思高校运作模式"成为我国高等教育中推动技术运用的其他两项中期趋势，而"日益注重测量学习""新形式跨学科研究兴起"成为我国基础教育中推动技术运用的另外两项中期趋势。

3. 长期（未来五年或更长时间内）趋势

在长期趋势方面，"推进变革和创新文化"与"转向深度学习方法"均为我国高等教育与基础教育中推动技术运用的长期趋势，在三项长期趋势中有两项高度一致。"程序编码素养的兴起"则成为我国高等教育中推动技术运用的另一项长期趋势，而"学生从消费者转变为创造者"则是我国基础教育中推动技术运用的另一项长期趋势。

（二）影响技术应用的重大挑战对比分析

中国高教版《地平线报告》和中国基教版《地平线报告》中影响技术应用的重大挑战对比如表2-2所示。

表 2-2　　　　　　　　　影响技术应用的重大挑战对比分析

《地平线报告》 挑战困难程度	2017 中国高等教育 技术展望	2016 中国基础教育 技术展望
可应对的挑战	提升数字素养	提升数字素养
	将技术融入师资培训	将技术与教师教育相融合
	混合采用正式与非正式学习	重塑教师角色
有难度的挑战	个性化学习	平衡互联生活与非互联生活
	教育大数据的管理问题	竞争性的教育模式
	推广教学创新	创造真实性学习机会
严峻的挑战	培养复合思维能力	培养复合思维能力
	重塑教师角色	促进教学创新
	平衡互联生活和非互联生活	在线教育机构面临的问题

1. 可应对的挑战

在影响技术应用的重大挑战中，"提升数字素养"和"将技术融入师资培训/将技术与教师教育相融合"均为我国高等教育与基础教育中可应对挑战,三项可应对的挑战中有两项高度一致。除此之外,"混合采用正式与非正式学习"成为我国高等教育的另一项可应对的挑战,而"重塑教师角色"则成为我国基础教育中另一项可应对的挑战。

2. 有难度的挑战

在影响技术应用的重大挑战中,我国高等教育与基础教育存在明显不同。"个性化学习""教育大数据的管理问题""推广教学创新"为我国高等教育技术应用有难度的挑战,而"平衡互联生活与非互联生活""竞争性的教育模式""创造真实性学习机会"则为我国基础教育技术应用有难度的挑战。

3. 严峻的挑战

在影响技术应用的重大挑战中,"培养复合思维能力"均为我国高等教育与基础教育中技术应用的严峻的挑战,反映学校教育越来越重视学生复合思维能力培养。另外,"重塑教师角色"与"平衡互联生活和非互联生活"成为我国高等教育中技术应用的其他两项严峻的挑战,而"促进教学创新"与"在线教育机构面临的问题"则成为我国基础教育中技术应用的另外两项严峻的挑战。

(三) 教育技术的重要发展对比分析

中国高教版《地平线报告》和中国基教版《地平线报告》中教育技术的重要发展对比如表2–3所示,具体分析如下。

表2–3 教育技术的重要发展对比分析

《地平线报告》预期采纳时间	2017 中国高等教育技术展望	2016 中国基础教育技术展望
一年以内	移动学习	移动学习
	翻转课堂	翻转课堂
	创客空间	创客空间
	大规模开放在线课程(慕课)	云计算

续表

预期采纳时间 《地平线报告》	2017 中国高等教育 技术展望	2016 中国基础教育 技术展望
二至三年	学习分析	学习分析
	增强现实及虚拟现实技术	3D 视频
	虚拟和远程实验室	大规模开放网络课程
	量化自我	3D 打印
四至五年	情感计算	虚拟及远程实验室
	立体显示和全息显示	自适应性学习技术
	机器人技术	智能评分技术
	机器学习	可穿戴技术

注：作者自制。

1. 预期采纳时间一年以内

在预期采纳时间一年以内，"移动学习""翻转课堂"和"创客空间"为我国高等教育和基础教育领域相同的教育技术的重要发展，四项重要发展有三项高度一致。"大规模开放在线课程（慕课）"为我国高等教育领域预期一年以内采纳的另一项技术重要发展，而"云计算"则为我国基础教育领域预期一年以内采纳的另一项技术重要发展。

2. 预期采纳时间二至三年

在预期采纳二至三年的时间范围内，"学习分析"为我国高等教育和基础教育领域相同的教育技术重要发展。除此之外，"增强现实及虚拟现实技术""虚拟和远程实验室""量化自我"为我国高等教育领域预期二至三年采纳的教育技术重要发展，而"3D 视频""大规模开放网络课程""3D 打印"则成为我国基础教育领域预期二至三年采纳的教育技术重要发展。

3. 预期采纳时间四至五年

在预期采纳四至五年的时间范围内，我国高等教育和基础教育的技术重要发展存在明显不同。"情感计算""立体显示和全息显示""机器人技术""机器学习"为我国高等教育四至五年采纳的教育技术重要发展，而"虚拟及远程实验室""自适应性学习技术""智能评分技术"

"可穿戴技术"则为我国基础教育四至五年采纳的教育技术重要发展。

第二节　高等教育与基础教育技术应用讨论

一　技术应用的关键趋势：高等教育与基础教育较为一致

从推动技术应用的关键趋势来看，我国高等教育和基础教育中推动技术应用的关键趋势趋同。分析技术应用的关键趋势可发现，新技术的应用越来越关注学生学习，如从混合学习设计、STEAM 学习到学习空间，再到深度学习。另外，技术的应用更加注重协同和创新，如从开放教育资源到跨机构协同再到推进变革和创新文化。政策导向在推动技术应用趋势方面发挥重要作用。我国非常重视技术在教育教学中的应用。《国家教育事业发展"十三五"规划》指出："积极发展'互联网＋'教育"，"推进优质教育资源共建共享"。高等教育和基础教育虽然在学校定位、人才培养目标、社会责任等方面有所不同，但在推动技术应用的关键趋势方面趋于一致。

二　技术应用的重大挑战：教师和学生是关键因素

从影响技术应用的重大挑战来看，高等教育和基础教育面临可应对的挑战和严峻的挑战总体一致，但又呈现各自特点。我国高等教育和基础教育在对"重塑教师角色""平衡互联生活和非互联生活"与"推广教学创新"界定的挑战难易程度有所不同。如"重塑教师角色"是高等教育影响技术应用的严峻挑战，而在基础教育中则是可应对的挑战，说明高等教育信息化过程中，教师是非常关键的因素。"平衡互联生活和非互联生活"是高等教育中影响技术应用的严峻挑战，而在基础教育中是有难度的挑战，与中小学相比，高校学生使用互联网更为普遍，高校在平衡学生互联生活和非互联生活方面仍面临很多困难。"推广教学创新"是我国高等教育影响技术应用的有难度的挑战，而在基础教育领域"促进教学创新"则成为严峻的挑战，说明与高等教育相比，基础教育中"教学创新"难度更大，凸显教师因素，这或许与我国当前高考体制有关。

教师对技术应用的态度①、对技术使用的信心②、自身专业发展③等是新兴技术应用的重要影响因素。例如，"提升数字素养""将技术融入师资培训/将技术与教师教育相融合"均为我国高等教育与基础教育技术应用可应对的挑战。"推广教学创新"为我国高等教育技术应用中有难度的挑战，同时"促进教学创新"为我国基础教育技术应用中的严峻的挑战。"重塑教师角色"为我国高等教育技术应用严峻的挑战，也为基础教育技术应用可应对的挑战。

新兴技术应用的落脚点在学生，学生的学习效果④、满意度⑤、技术使用能力⑥等是新兴技术应用的另一个重要影响因素。"个性化学习"为我国高等教育技术应用中有难度的挑战，"创造真实性学习机会"为我国基础教育技术应用中有难度的挑战。"培养复合思维能力"同为我国高等教育与基础教育中技术应用严峻的挑战。

三　技术重要发展：高等教育与基础教育在短期内高度一致，但随着时间推移，基础教育的技术采纳滞后于高等教育

从教育技术的重要发展来看，短期内，高等教育和基础教育预期采纳的新兴技术高度一致；未来较长时间内，高等教育和基础教育预期采

① Petko, D., Egger, N., Cantieni, A., et al., "Digital Media Adoption in Schools: Bottom-up, Top-down, Complementary or Optional?", *Computers & Education*, Vol. 84, 2015, pp. 49-61.

② Funkhouser, B. J., Mouza, C., "Drawing on Technology: An Investigation of Preservice Teacher Beliefs in the Context of an Introductory Educational Technology Cours", *Computers & Education*, Vol. 62, 2013, pp. 271-285.

③ Lo, J. J., Chan, Y. C., Yeh, S. W., "Designing an Adaptive Web-based Learning System Based on Students' Cognitive Styles Identified Online", *Computers & Education*, Vol. 58, 2012, pp. 209-222.

④ Papastergiou, M., "Digital Game-based Learning in High School Computer Science Education: Impact on Educational Effectiveness and Student Motivation", *Computers & Education*, Vol. 52, 2009, pp. 1-12.

⑤ Urh, M., Vukovic, G., Jereb, E., "The Model for Introduction of Gamification into E-learning in Higher Education", *Procedia-Social and Behavioral Sciences*, Vol. 197, 2015, pp. 388-397.

⑥ Khan, M. L., Wohn, D. Y., Ellison, N. B., "Actual Friends Matter: An Internet Skills Perspective on Teens' Informal Academic Collaboration on Facebook", *Computers & Education*, Vol. 79, 2014, pp. 138-147.

纳的新兴技术一致性越来越低。人工智能技术在高等教育和基础教育中的应用是大势所趋。

研究表明，政策导向是新兴技术在基础教育和高等教育应用推广的重要因素。[①] 我国《国家教育事业发展"十三五"规划》指出"全力推动信息技术与教育教学深度融合"，国家层面非常重视新兴技术在课堂教学中的应用。随着移动互联网技术发展，高等学校和中小学软硬件条件也逐步成熟，"翻转课堂、创客空间、移动学习"成为我国高等教育和基础教育领域的技术重要发展。

学校领导团队先进的教育管理理念为新兴技术在教育教学中的应用增加助力，[②] 与中小学校功能不同，高等学校要发挥"人才培养、科学研究、社会服务、文化传承"等功能。在某种程度上，高等学校要凭借自身的人才、财政等优势，发挥先进科技引领者的作用。基础教育中的预期的技术重要进展滞后于高等教育。如"虚拟和远程实验室"在高等教育领域的预期采纳时间为二至三年，而在基础教育领域预期采纳时间为四至五年。"大规模开放网络课程"对学生的自主性要求较高，更适合高校课程，它在基础教育领域的预期采纳时间为二至三年，而在"大规模开放在线课程"（慕课）领域采纳时间为一年以内。因此，高等学校更有可能采用先进的技术。

从教师因素来看，中小学教师面临升学压力，往往把学生学业成绩放在首位。在选择新兴技术时，更多地考虑该技术能否更好地促进学生学习[③]、减轻教师的工作负担。与中小学教师相比，高等学校教师教学工

---

① Adegbija, M. V., Bola, O. O., "Perception of Undergraduates on the Adoption of Mobile Technologies for Learning in Selected Universities in Kwara State, Nigeria", *Procedia-Social and Behavioral Sciences*, Vol. 176, 2015, pp. 352 –356; Blackwell, C. K., Lauricella, A. R., Wartella, E., "Factors Influencing Digital Technology Use in Early Childhood Education", *Computers & Education*, Vol. 77, 2014, pp. 82 –90; Thowfeek, M. H., Jaafar, A., "The Outlook of the UGC on the Implementation of E-learning System at the Higher Educational Institutions in Sri Lanka", *Procedia-Social and Behavioral Sciences*, Vol. 65, 2012, pp. 620 –625.

② Tondeur, J., Van Keer, H., Van Braak, J., et al., "ICT Integration in the Classroom: Challenging the Potential of a School Policy", *Computers & Education*, Vol. 51, 2008, pp. 212 –223.

③ 魏雪峰：《问题解决与认知模拟：以数学问题为例》，中国社会科学出版社 2017 年版。

作相对较轻，有更多精力投入科研，会积极探索新兴技术对教育教学的影响。因此，在技术重要进展方面，"智能评分技术"减少教师作业批改量，减轻教学负担，帮助教师从繁重的工作中解脱出来，将会在基础教育应用。而"虚拟和远程实验室"的发展，可以完善教师的教学模式，不局限于课堂的教学，提高教学质量，预期会较早地在高等教育中应用。

从技术采纳角度来看，随着时间推移，基础教育的技术采纳滞后于高等教育。如"大规模开放在线课程"的预期采纳时间在高等教育领域为一年以内，而在"大规模开放网络课程"领域为二至三年。同样，"虚拟和远程实验室"的预期采纳时间在高等教育领域为二至三年，而在基础教育领域为四至五年。与基础教育相比，高等教育更容易接受新兴技术。这或许与其肩负的使命有关。中小学往往因为存在升学压力，在新技术的使用上相对保守。而另一方面，中小学生和大学生学习特点不同。从技术接受角度看，一般来讲，大学教师与中小学教师相比，更倾向于使用新兴技术，与中小学学生相比，大学生有一定的技术使用基础，且自主学习能力较强，更容易掌握新技术，因此，基础教育中的技术采纳滞后于高等教育。

第三节 小结

当前，信息化浪潮正席卷全球，我国正在推进"互联网+"战略，以教育信息化推动教育现代化，全力推进信息技术与教育教学深度融合，积极推进优质教育资源共建共享。本章从"推动技术应用的关键趋势""影响技术应用的重大挑战"与"教育技术的重要发展"三方面对中国高教版《地平线报告》与中国基教版《地平线报告》进行了深入分析，分析结果对实现教育公平、推进"双一流"建设提供重要参考。

第三章

美国中小学互联网教育服务
体系分析

当前，教育领域的数字化改革正在加速推进。2021 年 12 月，中央网络安全和信息化委员会印发《"十四五"国家信息化规划》，确定了全民数字素养与技能提升等 10 项优先行动。2022 年 1 月，国务院印发《"十四五"数字经济发展规划》，强调推进教育新型基础设施建设，推动"互联网＋教育"持续健康发展。2022 年 10 月，党的二十大报告指出，要推进教育数字化。可见，教育数字化转型在促进教育公平、提升教育质量上大有可为。

随着信息技术的迅速发展和智能移动终端的普及使用，互联网教育产品作为一种新型的学习资源随之兴起，这推动了教学和学习方式的变革，对促进信息技术与教育整合起到了重要作用，有助于缩小城乡教育差距，促进农村义务教育均衡发展。[①] 世界各国日益重视教育信息化，相继制定了相关政策规划并采取了多项举措推动教育信息化发展。中国教育部颁布的《教育部关于印发〈教育信息化 2.0 行动计划〉的通知》（教技〔2018〕6 号）指出："到 2022 年基本实现'三全两高一大'的发展目标，努力构建'互联网＋'条件下的人才培养新模式、发展基于互联网的教育服务新模式、探索信息时代教育治理新模式。"[②] 美国教育部颁

---

① 娄立志：《县域内农村义务教育校际均衡发展战略研究》，中国社会科学出版社 2019 年版，第 145 页。

② 教育部：《教育部关于印发〈教育信息化 2.0 行动计划〉的通知》，2018 年 4 月，（http://www.moe.gov.cn/srcsite/A16/s3342/201804/t20180425_334188.html）。

布的《重塑技术在教育中的作用》(*Reimagining the Role of Technology in Education*) 指出:"州、地区和高等院校应开发和实施体现技术灵活性和技术力量的学习资源,以创建公平使用的学习生态系统,使所有学生在何时何地都可以学习。"① 本章首先以美国得克萨斯州为例分析美国中小学互联网教育服务体系。其次通过分析包括数学、阅读、编程等学科在内的美国中小学互联网教育产品,总结产品特点。最后,根据美国中小学互联网教育服务的特点,以期对我国的互联网教育服务提供借鉴。

第一节 美国中小学互联网教育服务体系

美国教育技术办公室(Office of Educational Technology,OET)附属教育部长办公室,与其他教育部门和其他联邦机构合作,研究与有效利用技术支持教学有关的问题。OET 也是美国教育部面向教育技术开发人员社区的主要办公室。OET 支持州、区、学校领导和教育工作者的个性化专业学习,制定了国家教育技术政策,确立了如何利用技术改变教学和学习的愿景,以及如何通过 K12、高等教育和成人教育为早期学习者提供无处不在、随时可开始的学习机会。②

一 美国得克萨斯州 Denton 学区互联网教育服务体系介绍

美国共有 50 个州,每个州都有自己独立的教育体系,因而各个州之间的教育制度存在较大差异。根据美国《宪法修正案》第十号,教育的规范属于各州的立法范畴,但是美国联邦政府也可以通过立法和有条件地拨款来影响各州政府的相关立法。③ 下面以得克萨斯州为例详细介绍其互联网教育服务体系。

---

① Office of Educational Technology, *Reimagining the Role of Technology in Education*:*2017 National Education Technology Plan Update*, 2019 (https://tech. ed. gov/files/2017/01/NETP17. pdf).

② "Office of Educational Technology", 2020 (https://tech. ed. gov/what-we-do/).

③ "得克萨斯州"维基百科, 2020 年 12 月 (https://zh. wikipedia. org/wiki/% E5% BE% B7% E5% 85% 8B% E8% 90% A8% E6% 96% AF% E5% B7% 9E#% E6% 95% 99% E8% 82% B2)。

（一）得克萨斯州教育局

得克萨斯州（State of Texas），简称得州，是美国南方最大的州，也是全美第二大州，仅次于阿拉斯加州。得克萨斯州教育局（Texas Education Agency，TEA）是监督得克萨斯州中小学公共教育的机构，它向 500 多万学生提供教育服务支持。得克萨斯州教育局通过向学校系统提供领导、指导和支持来改善该州所有公立学校学生的成绩。得克萨斯州教育局的负责人是教育专员，在教育专员的领导下，执行下列职能：

（1）管理州和联邦政府对公立学校的资金分配；

（2）管理全州范围的评估方案和问责制度；

（3）支持州教育委员会（the State Board of Education，SBOE）制订全州课程计划；

（4）协助州教育委员会对教材的采用和分发过程进行管理；

（5）管理公立学校信息数据收集系统；

（6）履行州教育认证委员会（ the State Board for Educator Certification）的行政和服务职能；

（7）支持机构运作，包括履行与永久学校基金相关的职责；

（8）监督某些联邦和州指导方针的遵守情况。①

（二）丹顿独立学区

位于得克萨斯州的丹顿独立学区（Denton ISD）自 1882 年成立以来，一直致力于提供优质教育。该地区位于达拉斯和沃斯堡以北约 25 英里处，占地 180 平方英里，包含 18 个城市、社区和主要的开发区。丹顿独立学区目前是得克萨斯州北部发展最快的学区之一，包括四所综合高中、八所中学、二十三所小学、两所幼儿中心、一所替代性高中、一所先进技术综合性学校以及其他多个专业化院校和学术中心。②丹顿独立学区的使命是使终身学习者成为积极影响当地和国际社会的公民。③

----

① "Texas Education Agency"，2020（https：//tea. texas. gov/About_TEA/Welcome_and_Overview/）.

② "About Denton Independent School District"，2020（https：//www. dentonisd. org/Page/43182）.

③ "Mission Statement "，2020（https：//www. dentonisd. org/Domain/15）.

丹顿独立学区董事会与地区工作人员合作，共同确立学区的使命、愿景、价值观和目标。[①] 其使命宣言是：使终身学习者成为积极影响当地和国际社会的公民。其愿景是：成为致力于成长和卓越的首选目的地区。[②]

为了实现使命与愿景，他们分别从教与学、文化与气候、成长与管理、学生的机会等方面着手。

1. 教与学

为追求卓越，他们将做到以下几点：

（1）发展并保护以学习优先的文化；

（2）倡导并实践真正的学生个性化评估制，其建立基于对学生个人长期进步的衡量，而不受其他外部因素的影响；

（3）根据持续的需求评估，为所有学生提供一致的、强大的、地区范围内平衡的课程；

（4）通过开发探究、批判思维、公民责任和模范公民的课程，向学生提出较高期望；

（5）建立专业的社区学习网络，以解决社区内每个孩子的教育需求；

（6）将最佳实践融入教学、学习、技术和领导力中；

（7）培养并支持先进的数字化学习环境；

（8）将有形因素（可测量）和无形因素（不可测量）相结合，为各个校园制定发展目标。

2. 文化与气候

为追求卓越，他们将做到以下几点：

（1）尊重全体教师的奉献精神和敬业精神；

（2）尊重并推广丹顿独立学区的多样性价值；

（3）支持并确保公开透明、交流畅通的工作环境；

（4）提出对成功的高期望；

---

① "Educational Improvement Council _ Project EIC _ Archive", 2020 （https://www.dentonisd.org/Page/45943）.

② "Board of Trustees_Mia Price Biography", 2020 （https://www.dentonisd.org/Page/112）.

（5）培养学生对终身学习的热爱；

（6）营造积极、热情的环境，鼓励家长和学区之间建立伙伴关系；

（7）促进身心健康发展；

（8）与丹顿独立学区建立良好关系，并达成一致。

3. 成长与管理

为追求卓越，他们将做到以下几点：

（1）招聘、聘用并留住高素质的教师；

（2）继续致力于为每一所校园的每一位学生提供公平和卓越的发展机会；

（3）与社区合作进行规划和设施开发；

（4）利用公民咨询委员会，集中处理短期和长期工作；

（5）调整政策和程序以应对快速增长和不断变化的人口状况，从而培养强烈的集体意识；

（6）展示有效和高效的区域资源管理；

（7）提供领导和（或）监督，以确保学区满足所有财政、法律和法规的要求；

（8）鼓励教师和工作人员攻读学位，提高学历；

（9）坚持资源节约与保护原则；

（10）制定针对学生专业学习的预算；

（11）维持多元化的员工队伍。

4. 学生的机会

为追求卓越，他们将做到以下几点：

（1）支持学生为未来职业和生活做好准备；

（2）让学生参加课外俱乐部和组织；

（3）在全州和全国范围内提倡普及教育；

（4）培养学生在大学、职场和生活中取得成功所必需的学术技能和人际关系。

（三）丹顿独立学区技术服务体系

1. 丹顿独立学区董事会

丹顿独立学区的董事会由主席 Mia Price，副主席 Charles Stafford，秘书 Barbara Burns 和成员 Jim Alexander 博士、Doug Chadwick、Dorothy Martinez、Jeanetta Smith 博士组成。[①]下面分别介绍这些成员。

（1）Mia Price

Mia Price 主席为董事会带来了热情和"可以做"的态度。她出生于路易斯安那州的巴吞鲁日（Baton Rouge, Louisiana），并获得了路易斯安那州立大学的医学技术学士学位。Mia Price 在丹顿地区居住了 30 多年，她的医学背景和经历使她能够以家长和倡导者的身份为董事会带来多样化的观点。

自 2001 年 Mia Price 首次当选董事会主席以来，她还担任过副主席和秘书，并且她曾在北得克萨斯州学校董事会担任了两年的财务主管，还兼任 TASB 立法咨询委员会成员。

Mia Price 重视与学区及其他董事会成员的有效交流，并将大量时间用于与丹顿独立学区的沟通合作。Mia Price 花费大量时间为整个地区的学龄前儿童开展阅读活动，同时她也是 Bettye Myers 中学 Kiwanis Builders 俱乐部的赞助商。她被任命为得克萨斯州医学协会儿童和青少年健康委员会成员，通过与全州医生的合作，解决影响得克萨斯州青年的健康问题。

（2）Charles Stafford

Charles Stafford 自 2004 年开始担任董事会副主席，他的专业经验还包括在得克萨斯州众议院工作的 10 年，曾为众议院的三位发言人工作，并领导过委员会的工作人员。此后，他便在丹顿独立学区处理学校财务问题和治理问题。

在不直接参与董事会活动时，Charles Stafford 会花大量时间与丹顿独立学区进行交流沟通。他支持该地区的 Adopt-A-School 计划、男孩/女孩作为领导者和设立丹顿地区的儿童宣传中心等计划。

Charles Stafford 积极参与许多商业和专业组织及相关活动。他积极参与制定董事会的立法议程，并经常组织相关人员访问立法者以解决他们关心的问题。

---

① "Board of Trustees_Denton ISD Board of Trustees", 2020（https://www.dentonisd.org/trustees）.

（3） Barbara Burns

Barbara Burns 拥有近 30 年的教育经验，其中有 20 年是担任丹顿（Denton）和瑞恩（Ryan）高中的教师。自 2012 年开始担任董事会秘书。作为一名资深教育工作者，她与学生、家长和社区之间的合作是董事会的宝贵财富。在 2012 年当选之前，她参加了七年来学校董事会的绝大多数会议。

（4） Jim Alexander 博士

作为得克萨斯女子大学荣誉教授、丹顿市议会前任成员，Jim Alexander 博士为董事会带来了独特的学术和政治实践经验。

Alexander 博士大部分时间都在进行教育活动，他的副学士学位是在得克萨斯州盖恩斯维尔（Gainesville，Texas）的中北得克萨斯学院（North Central Texas College）获得的。他从现在的得克萨斯 A&M 大学商学院获得了学士和硕士学位，主修行政管理和工商管理专业。

Alexander 博士自 1993 年首次当选董事会成员以来，曾两次担任董事会主席和秘书。Alexander 博士的共识建设经验有助于董事会进行团队合作。他出任董事会成员，与丹顿市议会建立了良好的合作。

（5） Doug Chadwick

Doug Chadwick 是一位活跃的社区志愿者，自 2016 年开始成为董事会成员。近 40 年来，他一直担任着影响丹顿独立学区教育的各种角色，为董事会带来了终生教育的关注点和丰富的知识。

Doug Chadwick 用了 18 年的时间专注于北得克萨斯大学的慈善事业，1991—1996 年，他担任了该校的计划捐赠主任，以及 UNT 基金会的执行董事。任职期间，Doug Chadwick 管理着捐赠者的捐赠基金以及其他特殊捐赠，这些捐赠极大地促进了该校教育事业的发展。

与丹顿独立学区最相关的是，Doug Chadwick 曾担任该地区 2007 年和 2013 年债券计划委员会成员，以及 2013 年债券监督委员会成员。任职期间，Doug Chadwick 通过确定哪些新的基础设施最适合提高学生的学习水平，从而满足学区基础设施建设的需求。

（6） Dorothy Martinez

Dorothy Martinez 是一名退休的教育工作者，自 2014 年开始担任董事会成员，她是一名长期的社区志愿者，对丹顿独立学区及其学生有极大的贡献。她坚信，通过教育，一个人可以获得对成功和繁荣至关重要的技能和工具。

作为一名资深的教育家，Dorothy Martinez 在丹顿独立学区做了 17 年的教师。在教二年级的同时，她也是该地区第一个 ESL 协调员。此外，Dorothy Martinez 曾在达拉斯学区（Dallas school）工作，担任校长助理兼教导主任。她还担任过北得克萨斯大学（University of North Texas）的秘书。

（7）Jeanetta Smith 博士

Jeanetta Smith 博士是一名社区志愿者和退休教育工作者，她于 2006 年 9 月被董事会选中，担任董事会成员，填补了董事会的空缺，而这一空缺是她丈夫 Sterling Smith 博士去世时留下的。

当她于 2006 年 10 月 4 日宣誓任职时，她承诺要继续完成她丈夫的遗愿，为丹顿独立学区的学生和教育工作者努力工作。2009 年、2012 年和 2015 年，她入选董事会。为了进一步提升作为董事会成员的资格，她多次参加了由得州学校董事会主办的州立学校董事会的活动。她曾担任学校董事会秘书和副主席。作为在丹顿地区生活了 30 多年的居民，Jeanetta Smith 博士与该地区尤其是与学生有着密切的联系。她一生的兴趣都围绕着她的家庭、教会、朋友以及职业和教育事业。

2. 丹顿独立学区相关负责人

（1）Jamie Wilson 博士

Jamie Wilson 博士在 2005 年来到丹顿独立学区，担任中学教育项目的主管助理，他致力于改善该地区不断增长的学生群体的教育计划。同时，他关注学生参与以及学生的成就，并于 2012 年 7 月 1 日成为丹顿独立学区的负责人。Jamie Wilson 博士被认为是得克萨斯州在教学和管理方面的创新领导者。Jamie Wilson 博士帮助开设了四所中学，包括 Braswell High、Guyer High、Navo Middle 和 La Grone Advanced Technology Complex，以及八所小学。2017 年，得克萨斯州 K12 首席技术官将 Jamie Wilson 博士命名为"精通技术的指挥者"（Tech Savy Superintendent），负责促进和支持丹顿独立学区技术的创新应用。①

（2）Valenta 博士

Valenta 博士是丹顿独立学区的副主管，从 2013 年 1 月起他就一直在学区工作，Valenta 博士一直帮助指导整个地区的培训方案和改进计划，与行政内阁合作制定健全的地区政策，并发展合作关系以帮助解决学区和社区发展的需要。在他的指导下，该学区加深了与北得克萨斯大学（University of North Texas）、得克萨斯女子大学（Texas Woman's University）和中北得克萨斯学院（North Central Texas College）的关系，并发起了 Teach Denton 倡议，以帮助确定未来的教育工作者并将他们留在该地区。②

（3）Ernie Stripling

自 2000 年以来，Ernie Stripling 一直是丹顿独立学区的首席技术官。Ernie Stripling 拥有 15 年的业务和技术应用开发经验以及 18 年的公共教育经验，在提供专业和学术发展的技术服务方面拥有坚实的基础。在他的指导下，丹顿独立学区被数字教育中心确认为全国最先进的技术先进学区之一。③ 该地区以其技术为荣，并与几个全国知名的合作伙伴合作，将最新的仪器和软件带到学生、教育工作者和家庭中。④

（4）四位地区负责人

此外丹顿独立学区还有四位地区负责人。Jeff Russell 先生，是学术项目的负责人，领导 8 个校区的学前到高中教育。⑤ Daniel Lopez 博士，是丹顿学习社区的负责人，从事教育工作已超过十年。他于 2016 年 4 月开始担任丹顿独立学区第三区的负责人。Susannah O'Bara 作为丹顿独立学区的地区主管之一，负责 Guyer 学习社区（Guyer Learning Community）的教

---

① "Superintendent_Dr. Jamie Wilson"，2020（https：//www. dentonisd. org/Domain/86）.

② "Leadership Staff _ Dr. Richard Valenta, Deputy Superintendent"，2020（https：//www. dentonisd. org/Page/81002）.

③ "Leadership Staff _ Ernie Stripling, Technology Information Officer"，2020（https：//www. dentonisd. org/Page/81027）.

④ "Technology_Homepage"，2020（https：//www. dentonisd. org/technology）.

⑤ "Leadership Staff _ Dr. Jeff Russell, Area Superintendent"，2020（https：//www. dentonisd. org/Page/100201）.

学计划和运作。她拥有16年以上的小学校园管理经验，对该地区的学术实践和程序有着广泛的了解。她还帮助实施了该区基于标准的分级实践，该实践现已在丹顿独立学区各个小学实施并启动了专业学习社区工作模式，通过学校的"技术星期二"（"Tech Tuesdays"）计划支持技术与课堂的整合，并建立了委员会以庆祝和表彰校园内学生和工作人员的成就。[①] Gwen Perkins 博士于2016年被任命为丹顿独立学区的学术项目区域负责人，负责 Ryan 学习社区（Ryan Learning Community）的教学计划和运作。Gwen Perkins 博士目前是几位管理者的导师，她执行了"Lead Denton"项目，该项目旨在从该地区的教学队伍中培养校园领导者，其理念是最了解学生的教育工作者能够领导学生做到最好。Gwen Perkins 博士还参与了该学区刚刚起步的"Teach Denton"项目，该项目的目标是在现有学生中寻找教学人才，并在大学毕业后将其培养为该地区的教育工作者。[②]

3. 丹顿独立学区技术部门

丹顿独立学区的技术部门由数据处理部门、教学技术部门和网络服务部门组成，提供了一个无缝连接的工作流程，使信息能够尽可能轻松地传递给用户。丹顿独立学区的工作人员能够定期播放媒体软件、使用远程学习和应用现有的网络工具，而该地区的家庭可以在线查看学生成绩、查看出勤记录以及为即将到来的新学年实行在线注册。[③] 教学技术部门通过技术工具和培训来支持教育工作者的创造性工作，从而帮助教师为学生提供有参与性的学习，这是对学生个人的挑战和激励。支持的一些工具和计划有：混合式学习、远程学习、谷歌教育应用程序。[④]

教学技术专家（ITS）提供服务，使教师能够在日常学习过程中最大限度地有效利用技术。教学技术专家在一对一、小组和校园范围内与教

① "Leadership Staff _ Susannah O'Bara, Area Superintendent", 2020（https://www.dentonisd.org/Page/81008）.

② "Leadership Staff _ Dr. Gwen Perkins, Area Superintendent", 2020（https://www.dentonisd.org/Page/83399）.

③ "Technology_Homepage", 2020（https://www.dentonisd.org/technology）.

④ "Department of Digital Learning _ About Us", 2020（https://www.dentonisd.org/Page/42926）.

师合作。① 丹顿独立学区的教学技术团队包括：Braswell High School Zone、Denton High School Zone、Guyer High School Zone 和 Ryan High School Zone。②

Braswell 高中学区（Braswell High School Zone）教学技术团队为六所小学、两所初中以及一所高中提供技术支持。

丹顿高中学区（Denton High School Zone）教学技术团队为两所幼儿园、六所小学、两所初中以及一所高中提供技术支持。

Guyer 高中学区（Guyer High School Zone）教学技术团队为六所小学、两所初中以及一所高中提供技术支持。

Ryan 高中学区（Ryan High School Zone）教学技术团队为两所幼儿园、六所小学、两所初中、两所高中以及三所其他院校提供技术支持。

教育改进委员会（Educational Improvement Council，简称 EIC）是丹顿独立学区（Denton ISD）的决策委员会，由来自全区的代表组成，包括来自每个校园的一名教师，以及中央办公室管理人员、顾问、图书馆员、校长以及家长、社区和商业成员的地区代表。EIC 的目的，是在制定和审查该学区的教育目标以及制订和审查学区范围内的主要课堂教学计划方面，向董事会提供建议。③

二　得克萨斯教育技术中心

得克萨斯教育技术中心（The Texas Center for Educational Technology，TCET）成立于 1988 年，坐落于美国南方第一大城市达拉斯近旁，以其在北得克萨斯大学学习技术系内的教授专业团队为基础，以技术在工作和教学场所中的应用为中心，创建多元创新支持系统，助力于教育与技术

① "Department of Digital Learning _ About Us"，2020（https：//www. dentonisd. org/Page/42926）.

② "Instructional Technology Specialist Team _ The ITS Team"，2020（https：//www. dentonisd. org/Page/44053）.

③ "Educational Improvement Council"，2020（https：//www. dentonisd. org/Page/55558）.

的深度融合，促进教学技术被创造并融入州和国家的教育项目。①

（一）发展历史

美国得克萨斯州政府在关于技术发展的第一个长期规划（1988—2000）中提出创建教育技术研究中心的需求，由此得克萨斯教育技术中心（TCET）应运而生。中心以打造教育技术新环境为己任，组织队伍不断壮大，研究网络渐成体系，发展成为如今在教育技术发展研究领域享有国际声誉的研究机构。

美国教育部通过"为了明天而准备的教师使用技术培训计划"（PT3），并授予得克萨斯教育技术中心"催化剂"的荣誉称号。得克萨斯教育技术中心同时为联合国科技部学习技术中心提供课程体系，为来自全国 137 个学区的 900 多名卓越教师进行培训。

在得克萨斯州，该中心为满足培训学区的中青年教师的多样化需求，提供了多层次课程。得克萨斯州教育局将得克萨斯教育技术中心认定为技术应用课程发展中心。得克萨斯教育技术中心为得克萨斯州培训了数千名优秀教师。

此外，得克萨斯教育技术中心与英特尔未来教育开展项目合作。该项目解决了教师有效应用计算机、互联网以及大数据分析技术来促进学生们个性发展的需求。该课程通过 10 个可选课程模块，成功完成了 40000 名得克萨斯州教师培训。

（二）合作伙伴

在过去将近三十年中，北得克萨斯大学教育技术中心与国家机构、大学、社区学院、企业、学区以及美国教育部、得克萨斯州教育局、美国能源部、英特尔、ThinkQuest 教育计划等广泛开展合作，在思想上碰撞，在交流中互鉴，在协作中融合，不断为教育创新发展和教育变革贡献智慧和力量。

（三）项目简介

得克萨斯教育技术中心（TCET）从创建以来一直积极开展国际合作

---

① "History_The Texas Center for Educational Technology"，2020（https：//tcet.unt.edu/history）.

项目。主要项目包括：

（1）美国教育，K12 公立、私立学校深度参访交流；

（2）教育信息化与教育现代化研修；

（3）中小学 STEAM、Maker、PBL 等参与式短期培训；

（4）脑科学、虚拟现实与人工智能前沿教育应用研修；

（5）跨国联合培养学生和教师专项计划；

（6）专项联合研究项目与纵向横向课题。

第二节　美国中小学互联网教育产品分析

一　互联网教育产品

互联网教育产品是互联网教育教学内容、教学方式和教学环境的基本载体。政府的职能包括提供优质的公共产品和服务，其中包括教育产品和服务。[①] 在"互联网＋"时代，随着信息技术的发展，公共服务资源也得以优化，同时互联网教育产品为学生提供了开放的学习环境和个性化的学习服务，而且学生可以自主地选择要学习的内容。

教育 App 作为互联网产品中的一种新型移动学习资源，目前对其定义为：运行于智能移动终端的，能够帮助学习者学习的应用程序。[②] 与传统的课堂学习模式相比，教育 App 可以使学生随时随地进行学习，同时教育 App 以其固有的便捷性和智能化为学生更好的学习提供了有利条件，如采用自适应技术针对每个学生不同的学习特点制定合理学习步调的个性化学习，实现每个学生的个性化发展。此外，利用形成性评估和定期进度监控技术做到实时反馈与监控学生的学习，提高学习效率。

[①] 黄荣怀、刘德建、吴志祥、张定文、曾海军、李美爽、包昊罡、焦艳丽、吴淑豪、黄少怀、庄榕霞、张颖、屈晓春、刘晓琳、邹红艳：《2016 中国互联网教育产品发展指数报告》，北京师范大学智慧研究院，2016 年。

[②] 马玉慧、赵乐、李南南、王硕烁：《新型移动学习资源——教育 App 发展模式探究》，《中国电化教育》2016 年第 4 期。

二　互联网教育产品分析

美国中小学使用的互联网教育产品种类繁多，不同学科教学使用的互联网教育产品存在较大差异。下面分别介绍数学类、阅读类、编程类及综合类互联网教育产品。每部分内容主要包括互联网教育产品介绍、互联网教育产品特点以及典型案例。

（一）数学类互联网教育产品

在美国中小学数学课堂，常用的互联网教育产品有：ALEKS、Reasoning Mind Foundations、Edgenuity、GO Math、Desmos、Marketwatch 等，下面具体介绍这些产品的特点及典型应用案例。

1. ALEKS

（1）产品介绍

ALEKS 是基于网络的人工智能评估和学习系统，涵盖了从 K12 到高等教育的数学课程，使用人工智能手段评估学生对数学知识的掌握程度，并提供自适应指导。它运用"知识空间理论"（Knowledge Space Theory），通过一系列问题测试学生对问题的理解程度。[①]

（2）产品特点

ALEKS 最重要的特征是它利用人工智能手段来映射每个学生知识的细节，它可以知道学生是否掌握了该主题或者学生是否为学习该主题做好了准备。[②]

（3）典型案例

ALEKS 为 Wisconsin 州的 Oak Creek-Franklin 学区教师提供了个性化教学所需的数据，并针对学生的特定需求量身定制在线辅导。在 2012—2013、2013—2014 学年期间，该地区领导人发现学生的标准化考试成绩突然下降，特别是 7 年级学生的数学分数远低于州平均水平。在 2014—2015 学年，该地区所有中学生都在使用 ALEKS 学习数学课程。Oak

---

① 杭苏宁：《关于"自适应学习"，你不能错过的干货（二）》，2016 年 9 月（https://www.jiemodui.com/N/62041.html.）。

② "Aleks ©. Artificial Intelligence"，2019（https://www.aleks.com/about_aleks/tour_ai_intro）.

Creek-Franklin 学区使用 ALEKS 四年后，结果非常可观：中学生的数学分数不仅提升到了州的平均水平，而且很快就超越了平均水平。[①]

2. Reasoning Mind Foundations

（1）产品介绍

Reasoning Mind 成立于 2000 年，开发从 Pre K 到初中阶段的混合学习数学课程。它的产品之一 Reasoning Mind Foundations 是一个针对 2—5 年级的混合式小学数学课程，包括教学、实践和评估以及教师培训和支持。Reasoning Mind Foundations 一般在一个有老师在场的教室里实施，它可以诊断出困难学生必备知识的缺口。教师接收学生的实时信息，并以此为依据对学生进行一对一干预或小组干预。[②]

（2）产品特点

Reasoning Mind Foundations 专注于培养学生的数量与操作感（number and operation sense）、批判性思维能力和解决问题的能力。通过 Reasoning Mind Foundations，学生可以按照自己的进度在一个引人入胜的动画世界中学习数学，而教师则使用系统的实时数据来提供个性化的教学。

（3）典型案例

在 2015—2016 学年，得克萨斯州达拉斯学区（Dallas Independent School District）的 33000 多名学生使用了 Reasoning Mind Foundations。Reasoning Mind Foundations 在二年级、三年级和大约一半四年级学生中，是作为传统教学的补充来使用，而在五年级学生中，是作为他们的核心课程来使用。结果显示，使用其时间更长的学生更有可能达到 Terra Nova 和 STAAR 等标准化考试的年级水平。此外，超过 80% 的教师表示，Reasoning Mind Foundations 改善或明显改善了学生的学习独立性、对数学能

---

① "Aleks ©. Aleks © Takes The Lid Off Math Achievement In Oak Creek-Franklin School District", 2019（https：//www. aleks. com/k12/McGraw_Hill_Education_Case_Study_ALEKS_Oak_Creek_WI. pdf）.

② "Reasoning Mind. Correlating Affect and Behavior in Reasoning Mind with State Test Achievement", 2019（http：//www. upenn. edu/learninganalytics/ryanbaker/LAK18_ACM_RM_Camera_Ready2. pdf）.

力的自信和学习数学的乐趣。[①]

3. Edgenuity

（1）产品介绍

Edgenuity 为中学混合学习环境提供符合标准的视频课程。教育工作者为学生定制课程，学生在完成课程、评估和互动活动的同时监控自己的进度。[②]

（2）产品特点

Edgenuity 为 6—12 年级的学生提供 300 多个标准一致的在线课程，课程是可定制的，Edgenuity 为学生创建了个性化的学习路径（ILP），并为每堂课提供了一个预测试，教师可以根据学生个人的需要定制题目内容和格式。[③]

（3）典型案例

犹他州的阿尔塔蒙特高中（AHS）选择使用 Edgenuity 来提高学生的数学成绩并更好地满足学生的个人需求，Edgenuity 的学习管理系统跟踪学生的进步、成就和参与度数据，收集了 2015—2016 学年和 2016—2017 学年 9—12 年级的学生使用 Edgenuity 数学课程的数据，并于 2013—2014 学年至 2016—2017 学年对 AHS 学生的 SAGE（Savings and Growth for Education）数学评估表现进行了检查。AHS 采用 Edgenuity 对学生的学业成绩产生了积极影响。从 2014 年到 2017 年，达到 SAGE 数学评估熟练程度的学生比例增加，对于 10 年级学生来说，结果尤其令人印象深刻，他们在 SAGE 数学测试中的熟练度提高了 8 倍。[④]

---

① Roschelle, J., et al., "Strength of Research for Reasoning Mind", Menlo Park, CA：SRI International, 2015.

② "Edgenuity. Categories：Language Arts, Math, Science, Social Studies, and Language Learning", 2019（https：//www.edsurge.com/product-reviews/edgenuity）.

③ "Edgenuity. Categories：Language Arts, Math, Science, Social Studies, and Language Learning", 2019（https：//www.edsurge.com/product-reviews/edgenuity）.

④ "Efficacy Studies. Research Brief Altamont High School：Students Improve Math Performance on SAGE and ACT Assessments", 2019（https：//www.edgenuity.com/Case-Studies/Edgenuity-Case-Study-Altamont-Utah.pdf）.

4. GO Math

（1）产品介绍

GO Math 是一套通过交互、实践和差异化的教学资源来加强学生深度理解的课程，它注重数感的培养和数学的应用。①

（2）产品特点

GO Math 采用 5E 教学模式：参与、探索、解释、阐述、评价，从而转变计划和教学，培养学生的数学理解能力。②

（3）典型案例

Houghton Mifflin Harcourt 的 GO Math 初等教育效能研究在 2015—2016 学年进行，以美国 4 个不同州的 10 所学校中总计 2000 多名 2—4 年级的学生为样本，教师使用 GO Math 对学生进行数学教学，每周 5 天，每天超过 25 分钟。通过对学生的前测、后测结果分析，数据表明，样本学生平均成绩的提高达到统计学显著水平。③

5. Desmos

（1）产品介绍

Desmos 是一款免费的在线图形计算器，用于绘制函数图、数据表、解方程、分析几何关系等，可以帮助教师更形象地讲授数学概念。④

（2）产品特点

Desmos 包括图形计算器、函数、科学计算器、几何工具等，功能全面，能有效地帮助教学活动。

（3）典型案例

得克萨斯州学区的一位中学数学老师 Cathy Yenca，使用 Desmos 进行

---

① "Introduction. Go Math！ⓒ Meet Rising Standards with Focus, Coherence, and Rigor"，2019（https：//www. hmhco. com/programs/go-math#introduction）.

② "Overview. Supporting Success at Every Level"，2019（https：//www. hmhco. com/programs/go-math/overview）.

③ "Go Math！Elementary Grades Efficacy Study"，2017（https：//www. hmhco. com/research/go-math-2015-elementary-grades-efficacy-study）.

④ "Desmos. Terms of Service"，2017（https：//www. desmos. com/terms）.

数学教学，而 Desmos 已成为她课堂教学的"必需品"。①

6. MarketWatch

（1）产品介绍

MarketWatch 是一个提供商业新闻、分析和股票市场数据的金融信息网站。教师可以利用 MarketWatch 建立自由的股票市场游戏。②

（2）产品特点

MarketWatch 的虚拟证券交易所能在模拟中实时交易股票，方便学生更好地了解交易策略和投资组合管理，并学习到各种金融工具的使用方法。③

（二）阅读类互联网教育产品

在美国中小学阅读课堂，常用的代表性产品有：Achieve3000、Imagine Learning 等。下面具体介绍这两个产品的特点及典型应用案例。

1. Achieve3000

（1）产品介绍

Achieve3000 成立于 2000 年，为学生提供一系列在线识字工具，为学生阅读和写作提供日常差异化教学，精确定制每个学生的 Lexile（是衡量读者阅读水平和标识出版物难易程度时使用的单位）阅读水平，旨在帮助学生培养识字能力和批判性思维技能。④

（2）产品特点

Achieve3000 的目标是提高所有学习者的读写能力，为不同年龄和不同能力的学习者提供课程。该在线工具使用户可以访问超过 10000 种符合标准的英语和西班牙语非小说文本。同时 Achieve3000 的产品可通过 Apple、Android 和 Chromebook 等多种设备访问。⑤

---

①　"Katrina Schwartz. Mindshift"，2016（https：//www. kqed. org/mindshift/44109/could-this-digital-math-tool-change-instruction-for-the-better）.

②　"MarketWatch. MarketWatch"，2019（https：//www. marketwatch. com/）.

③　"MarketWatch. Sample Classroom Handout"，2019（http：//i. marketwatch. com/_newsimages/VSE/Sample_Classroom_Handout. doc）.

④　"Accelerate Literacy. Achieve Lifelong Success"，2019（http：//www. achieve3000. com/）.

⑤　"Achieve3000. Categories：Language Arts and Social Studies"，2019（https：//www. edsurge. com/product-reviews/achieve3000）.

（3）典型案例

为提高学生的 Lexile 阅读水平，新罕布什尔州 Plaistow 的 Timberlane 学区的 3700 名学生使用了 Achieve3000，在使用 Achieve3000 的一个月内，学生阅读成绩增长了 2%。同时，6—12 年级的 100 多名中学生的 Lexile 阅读水平明显提高，达到或超过了他们年级水平的 Lexile 目标。①

2. Imagine Learning

（1）产品介绍

Imagine Learning 利用游戏和互动课程为 Pre K – 6 年级的学生开发提高他们的语言和读写能力的产品，支持包括英语在内的 16 种语言。②

（2）产品特点

Imagine Learning 从评估开始，根据学生在评估中显露的优缺点，为学生分别指定特定的互动游戏和活动。同时 Imagine Learning 通过各种评估问题和个性化反馈来教学生。③

（3）典型案例

加州大学区内六所学校的 2—5 年级学生，参加了 Imagine Learning 的关于阅读技能增长的研究，研究结果显示：使用 Imagine Learning 的 2 年级学生的阅读成绩比不使用 Imagine Learning 的 2 年级学生的阅读成绩高出了 36%，使用 Imagine Learning 的 3—5 年级学生的阅读成绩比不使用 Imagine Learning 的 3—5 年级学生的阅读成绩高出了 65%。④

（三）编程类互联网教育产品

在美国中小学编程课堂，应用的代表性产品有：Code. org、Girls Who

---

① "Achieve3000. Timberlane Schools Realize Dramatic Increase in College and Career Readiness with Achieve3000", 2017（http：//www. achieve3000. com/news/timberlane-schools-realize-dramatic-increase-in-college-and-career-readiness-with-achieve3000/）.

② "Imagine Learning. Categories：Reading and Language Learning", 2019（https：//www. edsurge. com/product-reviews/imagine-learning）.

③ "Imagine Learning. Categories：Reading and Language Learning", 2019（https：//www. edsurge. com/product-reviews/imagine-learning）.

④ "Imagine Language & Literacy Research. A Study of the Effectiveness of Imagine Learning on Student Reading Achievement", 2019（https：//www. imaginelearning. com/research/imagine-language-and-literacy）.

Code、FIRST、VEX Robotics 等，下面具体介绍这些产品的特点及典型应用案例。

1. Code. org

（1）产品介绍

Code. org 成立于 2013 年，鼓励在学校的课程中加入更多的计算机科学课程，致力于扩大计算机科学的参与度，并增加妇女和少数民族学生的参与度，支持每所学校的每个学生都应该有机会学习计算机科学。[①]

（2）产品特点

为了计算机科学在全球的普及，Code. org 团队与 100 多个国际合作伙伴密切合作，推广"编程一小时"活动，倡导政策变革及教师培训。正在通过与世界各国教育部、国际组织（如联合国教科文组织和经合组织）的合作让计算机科学成为国际教育课程的一员。

（3）典型案例

Code. org 是一个非营利组织，创建的课程资源和教程采用 Creative Commons（创作共用）许可发布，永远免费使用，允许其他人以非商业目的使用和衍生教育资源。Code. org 提供了最广泛讲授的中小学计算机科学课程，每年组织"编程一小时"活动，吸引了全世界约 10% 的学生来参与。

2. Girls Who Code

（1）产品介绍

Girls Who Code 是一个成立于 2012 年的非营利组织，旨在支持和增加计算机科学领域的女性人数。该组织正在努力缩小技术中的性别就业差异，并改变程序员的形象，目的是激发、教育和装备年轻女性的计算技能，使她们可以有更多机会。

（2）产品特点

目前 Girls Who Code 推出了三个活动：俱乐部计划为 3—5 年级和 6—12 年级的女孩提供学习编码的课后俱乐部；校园计划是为 6—12 年级女生提供为期 2 周的专业暑期课程；夏季沉浸计划是针对 10—11 岁女孩的

---

① "Code. org 关于我们"，2019（https：//code. org/international/about）.

7 周暑期课程，内容是学习编码并接触科技工作。①

（3）典型案例

根据 2017 年年报，Girls Who Code 拥有来自 50 个州的 9 万名编码女孩，其中进入大学的校友已经宣布她们选择主修 CS 或相关领域的专业，其比例是全国平均水平的 15 倍，黑人和拉丁裔校友选择主修 CS 或相关领域专业的比例是全国平均水平的 16 倍。②

3. FIRST

（1）产品介绍

FIRST 是一个国际青年组织，主办过 FRC 机器人竞赛、Jr. FLL 少儿创意赛、FCR 科技挑战赛、FLL 工程挑战赛。其明确的目标是培养学生在工程和技术领域的能力。③

（2）产品特点

FIRST 鼓励年轻人成为科技领袖和创新者，让他们参与导师的项目，培养科学、工程和技术技能，激励创新，培养全面的生活能力，包括自信、沟通和领导能力。④

（3）典型案例

代表性案例包括：STEM 学习实践方法的 First Lego 联盟⑤，不只是建造机器人的 First 技术挑战团队⑥，还包括将运动的刺激与科学技术的严苛相结合的 First 机器人竞赛⑦等。

4. VEX Robotics

（1）产品介绍

VEX Robotics 是向全球学校和机器人团队提供教育和竞争机器人产品

---

① "Girls Who Code. About Us"，2019（https：//girlswhocode. com）.

② "Girls Who Code. Girls Who Code Annual Report 2017"，2019（https：//girlswhocode. com/2017report/）.

③ "First. FIRST"，（https：//www. firstinspires. org/robotics/frc）.

④ "First. Mission"，2019（https：//www. firstinspires. org/about/vision-and-mission）.

⑤ "FIRST LEGO League"，2022（https：//www. firstinspires. org/robotics/fll）.

⑥ "What is FIRST Tech Challenge?"，2022（https：//www. firstinspires. org/robotics/ftc/what-is-first-tech-challenge）.

⑦ "FIRST Robotics Competition"，2022（https：//www. firstinspires. org/robotics/frc）.

的领先供应商。VEX Robotics 采用探索式的 STEM 学习模式，鼓励团队的创造力、团队合作能力、领导力和解决问题能力。①

（2）产品特点

VEX Robotics 根据年龄和技能水平分为三个产品：VEX EDR 适用于中学生，VEX U 适用于大学生，VEX IQ 适用于中小学生。学生每年都要进行一次比赛，并且必须设计、建造、编程和驾驶机器人。

（3）典型案例

2016 年，VEX Robotics 世界锦标赛被吉尼斯世界纪录正式承认为世界上最大的机器人竞赛。VEX 机器人大赛让学生成为未来的创新者，报告显示，95％的参与者对 STEM 学科领域的兴趣增加，并追求与 STEM 相关的职业。②

（四）综合类互联网教育产品

在美国中小学课堂，常用的综合类产品主要有：Knewton、Istation、Renaissance Learning、IXL Learning、Kahoot、Book Widgets、Nearpod 等。下面具体介绍这些产品的特点及典型应用案例。

1. Knewton

（1）产品介绍

Knewton 成立于 2008 年，通过适应性技术为学生提供个性化和连续性学习体验，产品涉及数学、物理等各类学科。Knewton 与世界各地的教育工作者、学校以及教育公司进行合作，为学生提供课堂学习资源，覆盖 K12、高等教育及职业发展教育。迄今为止，全世界有超过 1500 万学生使用过 Knewton 课程。③

（2）产品特点

Knewton 通过知识图谱、学生的答题数据、推荐系统和诊断系统构成

---

① "VEX Robotics. Our Story：How two Engineers in a Garage Laid the Foundation for Future Problem Solvers Around the World"，2019（https：//www. vexrobotics. com/about-us/our-story/）.

② "VEX Robotics. VEX Robotics Competition"，2019（https：//en. wikipedia. org/wiki/VEX_Robotics_Competition）.

③ 王磊：《自适应技术很火，Knewton 是怎么玩的？》，2015 年 9 月，多知网（http：//www. duozhi. com/company/201509063782. shtml）.

闭环，识别学生学习的弱点，并准确推荐学生应该学习的内容并不断评估学生的最新和历史表现，以确定下一个帮助学生朝着特定目标前进的最佳活动。

（3）典型案例

Knewton 与 ASU 大学合作推出了 Knewton Math Readiness 课程，报告指出近 2000 个补习数学的学生使用其一个学期以后，不及格率下降了50%，及格率从 66% 上升到 75%，并且有 50% 的同学提前 4 周完成所有任务。①

2. Istation

（1）产品介绍

Istation（Imagination Station）成立于 1998 年，是美国领先的动画、游戏类教育技术的供应商之一，拥有超过 400 万学生用户，为美国和其他国家、地区的 8900 多个校区提供服务。

（2）产品特点

Istation 通过形成性评估技术、适应性课程、个性化数据对学生进行强有力的干预和指导，它的阅读、数学和西班牙语课程能让学生沉浸在一个引人入胜的互动环境中，老师可以使用 Istation 轻松跟进学习进度。②

（3）典型案例

对得克萨斯州 2013—2014 学年的 1—8 年级学生的整体阅读能力研究的结果显示，与不使用或使用较少 Istation 阅读课程的学生相比，使用Istation 的学生在整体阅读能力方面获得了更大的提升。③

3. Renaissance Learning

（1）产品介绍

Renaissance Learning 提供形成性评估和定期进度监控技术，以加强课程并支持差别教学，在阅读、写作和数学方面实现个性化。文艺复兴加

---

① "Slide Share. Knewton Adaptive Learning"，2019（https：//www. slideshare. net/dearrd/knewton-adaptivelearningwhitepaper）.

② "Istation. About Us"，2019（https：//www. istation. com/About）.

③ "Istation. Istation Reading Growth Study Grades 1 – 8"，2019（https：//www. istation. com/Content/downloads/studies/G1 – 8_TX_Growth. pdf）.

速阅读器是该公司的旗舰软件，用以提高学生的阅读理解、语言、词汇发展和常识能力。①

（2）产品特点

教育工作者与学生一起根据学生的阅读水平来制定其阅读目标。学生在可阅读书目范围内选择书籍，独立阅读，然后参加简短的计算机化的理解测验。每次测验之后，教育工作者和学生都能看到阅读目标的进展。②

（3）典型案例

密西西比州杰克逊的戴维斯 IB 小学使用文艺复兴加速阅读器后，学生阅读能力达到全州最高水平，且大部分学生的阅读能力已经远远超过了所在年级水平。这主要得益于文艺复兴加速阅读器能够帮助教师监督阅读进度，并激励学生广泛选择书籍。③

4. IXL Learning

（1）产品介绍

IXL Learning 为 K12 学生提供了 7000 多项技能，涉及数学、语言、艺术、科学、西班牙语和社会研究领域，并在 2017 年推出了 IXL math。④

（2）产品特点

IXL Learning 为 K12 年级学生提供数学课程、语言艺术课程和西班牙语课程，为 2—8 年级学生提供科学和社会研究课程。⑤

（3）典型案例

位于密西西比州 Enterprise High School 在使用了 IXL math 后，高达

① "Renaissance Learning", 2019 (https://en.wikipedia.org/wiki/Renaissance_Learning#Renaissance_Accelerated_Reader).

② "Renaissance Learning. About Us", 2019 (https://www.renaissance.com/).

③ "Davis IB Elementary School Jackson Mississippi: Reading and Growing their Way to Top Honors as Mississippi's #1 Elementary School", 2019 (https://www.renaissance.com/resources/success-stories/).

④ Longnecker, Ryan Wayne, "IXL.com—Measuring the Effects of Internet-based Math Instruction on the Math Achievement of Middle School Students", Trevecca Nazarene University, 2013.

⑤ Longnecker, Ryan Wayne, "IXL.com—Measuring the Effects of Internet-based Math Instruction on the Math Achievement of Middle School Students", Trevecca Nazarene University, 2013.

82% 的学生在 2015 年通过了 PARCC（The Partnership for Assessment of Readiness for College and Careers）考试中数学的部分，成为该州通过率最高的学校。该校 8% 的学生达到了 PARCC 的最高水平（5 级），而整个密西西比州达到这个水平的学生只有 1%。①

5. Kahoot

（1）产品介绍

Kahoot 是一个基于游戏的课堂互动工具，由挪威的一家在线教育企业开发，到 2017 年底，每月活跃用户超过 7000 万人，其中 60% 的用户是在美国。②

（2）产品特点

Kahoot 具有互动、简单、开放的特点。教师编辑测试题目，配合生动有趣的画面和背景音乐，从而增强互动性和感染力，学生每完成一道题目，系统会提供即时回馈，包括班级正确率、学生排名和得分情况等。学生在带有游戏感的互动环境中，完成测试和学习。③

（3）典型案例

得克萨斯州的科学老师 Jack Quinn 发现他的 94 名学生在 2015—2016 学年的第一次累积考试（cumulative exam）中平均成绩通过率为 69%，在使用 Kahoot 一年后，即 2016—2017 学年，97 名学生的第一次累积考试平均成绩通过率为 78.72%。他说："Kahoot 让我的学生更多地融入学习，帮助他们提高对复杂科学主题的掌握程度，因此，与去年相比，他们的考试成绩提高了 11.4%，预计将比区域规范高出 75%。"④

---

① "Bringing Excitement to the Common Core Enterprise High School, Enterprise, Mississippi", 2019（https：//nz. ixl. com/）.

② "Kahoot. About Us", 2019（https：//kahoot. com/company/）.

③ Lumi：《来认识下基于游戏化的混合式教学管理系统 Kahoot!》，2015 年 2 月（http://www. sohu. com/a/3161927_115563）。

④ "Quinn J. Avid Science Kahoot! 'ers Projected to Perform 75% Above District Norms", 2019（https：//kahoot. com/blog/2017/11/14/kahooters-projected-perform-above-district-norms/）.

6. Book Widgets

（1）产品介绍

Book Widgets 使用信息技术辅助教师通过平板电脑和计算机创造有趣的互动课程。服务对象面向 K12 的教师以及高等院校的教授及专业人员，从学习读写和计数，到学习外语、数学、化学甚至各科，全球各地的教师都在使用并且把教学提升到更高的层次。学生可以通过教师创建的独特链接在自己的设备上打开课程，使学习更具参与性和个性化。[①]

（2）产品特点

Book Widgets 最大的特点就是具有交互性。教师通过创建一个活动来填充自己的教学内容并与学生分享，当学生完成练习时会通过 Book Widgets 将作业回发给教师，在这个过程中许多练习系统会自动评分，从而使教师有更充分的时间给学生提供高质量的反馈。[②]

（3）典型案例

佛罗里达州棕榈滩县学区的 Pleasant City 小学从 2011 年开始为期三年的 Book Widgets 项目，在 2014 年的 FCAT（佛罗里达州立考试）中获得了 A。教师 Brian Dawson 说："iPad 和 Book Widgets 把我们学校的成绩从 F 提到了 A。"[③]

7. Nearpod

（1）产品介绍

Nearpod 是一种加强型幻灯片的多媒体应用程序，教师通过预先建立的包含整个课程的文本、图像和视频的模板来创建演示文稿。学生们使用 Nearpod 观看演示文稿、参与课堂检测，教师能利用教师版本的应用程序来实时掌握学生的学习进度。

（2）产品特点

Nearpod 具有实时监督、互动性、反馈机制等特点，能够抓住学生注

---

① "Book Widget. Our Product", 2019（https：//www.bookwidgets.com/press）.

② "How Book Widgets Works", 2019（https：//www.bookwidgets.com/tour/elementary）.

③ "Brian Dawson. Why Brian Dawson Recommends iPads for Education", 2019（https：//www.bookwidgets.com/case-study-brian-dawson/）.

意力，通过双向通道以促进师生间相互了解。①

（3）典型案例

2014 年，Nearpod 与旧金山联合学区（SFUSD）和 Salesforce. com 基金会合作进行 Bridging Curriculum and Technology 项目研究，最大限度地发挥区域技术投资的影响力，并与数学内容专家合作，为中学生创建和分享超过 100 个共同核心数学课程。SFUSD 中学教师认可了以下几项好处：量身定制学习体验，满足学生的个性化需求，直接向学生提供与内容标准一致的指导，提供引人入胜的互动体验，改变指令的交付方式，诊断学生的学习需求。②

三　总结与启示

通过对美国中小学常用的互联网教育产品的分析，发现美国中小学互联网教育产品具有以下特点。

（一）人群涵盖范围大，学段覆盖范围广

美国已有的互联网教育产品覆盖了小学到高中、高等教育甚至职业教育阶段。例如，基于网络的人工智能评估和学习系统 ALEKS，涵盖了从 K12 到高等教育的数学课程；通过适应性技术为学生提供个性化和连续性学习体验的 Knewton 覆盖了 K12、高等教育及职业发展教育，涉及的学科包括数学、物理等各类学科。

（二）能利用自适应技术定制个性化学习

美国中小学互联网教育产品强调利用自适应技术为学生提供个性化学习。例如，为中学混合学习环境提供符合标准的视频课程的 Edgenuity，提供的在线课程是可定制的，为学生创建了个性化的学习路径，并为每堂课提供了一个预测试，教师可以根据学生个人的需要定制题目内容和格式。

---

① 小象：《类翻转课堂模式 APP Nearpod 在国外学校为何这么火？》，2014 年 3 月（https://www.jiemodui.com/N/1231.html）。

② "Nearpod. Bridging Curriculum and Technology"，2019（https：//nearpod.com/sfusd-a？utm _ source = landing&utm _ medium = case _ studies&utm _ campaign = new _ website _ 2015&utm _ content = read_more4&utm_term = CTA）。

（三）利用形成性评估和定期进度监控技术做到学习反馈及时、准确

美国中小学互联网教育产品关注学生学习过程，并提供及时反馈。如加强型幻灯片的多媒体应用程序 Nearpod，具有实时监督、互动性、反馈机制等特点，能够抓住学生注意力，通过双向通道促进师生间相互了解；Istation 通过形成性评估技术、适应性课程、个性化数据对学生进行强有力的干预和指导，它的阅读、数学和西班牙语课程能让学生沉浸在一个引人入胜的互动环境中，老师可以使用 Istation 轻松跟踪学习进度。

（四）情境性与交互性体验强

美国中小学互联网教育产品强调情境创设及学生学习体验。例如，利用信息技术辅助教师通过平板电脑和计算机创造有趣互动课程的 Book Widgets，该产品最大的特点就是具有交互性。

（五）操作简单，多终端支持

由于中小学教师、学生通常会使用不同的终端设备登录教育 App。从方便教师、学生使用的角度考虑，互联网教育产品不但操作方便，而且支持多终端访问。

第三节　美国 Newton Rayzor 小学互联网教育服务案例分析

Newton Rayzor 小学是美国得克萨斯州丹顿市的一所公立小学，现任校长为 Cecilia Holt 女士。与得克萨斯州的其他学校相比，该小学的学校质量被评为平均水平。这里的学生的学习成绩逐年提高，同时，这所学校为弱势学生提供的服务水平低于平均水平，而州考的成绩则高于平均水平。① 该小学教学设施完备，是得克萨斯州公立小学的典型代表。研究人员向当地教育部门提出申请，获得许可后进入小学开展访谈。访谈对象为该小学负责技术服务的老师 Kelly Born 女士。

Kelly Born 女士在学校图书馆工作，兼职做学校的技术服务员（Technology Information），学校老师在技术使用方面有什么问题，会联系她或向

---

① 参见 https://www.greatschools.org/texas/denton/2055 – Newton-Rayzor-Elementary-School/.

她寻求帮助，她再和专职的技术工作人员（Technology Specialist）联系。在丹顿独立学区，1 名技术服务员负责两所小学（elementary school）。技术服务员会到学校帮助老师解决技术问题，Kelly Born 女士协助技术服务员开展工作。在高中，一所学校有 1 名技术服务员负责技术服务工作。

此次访谈过程全程录音，访谈结束后，将语音转换成文本，由两位经验丰富的老师进行编码分析。在遇到编码不一致的情况时，又与第三位老师协商，最终达成一致。分析访谈内容发现，该小学的互联网教育服务体系具有以下特点。

一　州市政府承担了学校购买教育 App 的大部分费用

访谈中，Kelly Born 女士多次提到学校的教育 App 是由州政府或学区（Independent School District，ISD）出资购买，如我们登入 Messy Desk 这个系统，在这个图书馆里学生可以访问所有的应用程序。这一系统是由得克萨斯州来支付使用费用，而不是由这个学区支付费用，因此只有得克萨斯州才能赋予我们这款 App 的使用权。她同时也提到，ABCya①（参与教育游戏，它是儿童教育游戏的领导者。自 2004 年以来，ABCya 已经为 K—6 年级的学生创建了 400 多个教育电脑游戏和应用程序。除了专注于数学和语言艺术，ABCya 还涵盖了诸如科学和节日琐事等内容，并提供有趣的活动，以帮助孩子们提高打字技能，甚至创造动画）的费用由学区来支付，准确地说是 ISD 来支付。

二　教育 App 与学科内容密切结合

访谈中，Kelly Born 女士提到了针对数学学科的 App，如一年级学生用来认识数字、图案和形状的 Blueprint；Imagine Math 和 Blueprint 都主要针对低年级的学生；对于高年级的学生，可以使用 Imagine Math facts。Kelly Born 女士还提到了数学制图软件 Canvas，教小学生拼音阅读的软件 Starfall，帮助孩子们学习词汇的软件 Quizlet。

在阅读方面，Starfall 和 ABCya 都可以供学生使用。对于高年级学生

---

① "ABCya：Cr"，2019（https：//www.ixl.com/company/abcya）.

来说，Istation 是他们的最佳选择。

三 使用教学 App 提高教学管理水平

访谈中，Kelly Born 女士提到利用教育 App 提高教学管理水平，方便教师设计教学。如 Kelly Born 女士谈到在线云存储服务 Google Drive。Google Drive 是谷歌公司推出的一项在线云存储服务，通过这项服务，用户可以获得 15GB 的免费存储空间。同时，如果用户有更大的需求，则可以通过付费的方式获得更大的存储空间。用户可以通过统一的谷歌账户进行登录。Google Drive 服务有本地客户端版本，也有网络界面版本，后者与 Google Docs 界面相似，会针对 Google Apps 客户推出，配上特殊域名。另外，Google 还会向第三方提供 API 接口，允许人们从其他程序上存储内容到 Google Drive，以及和学校有关的文件夹。Kelly Born 女士说："我在学校做的每一件事都保存在这里面，如今十年的教学生涯已经过去，我记录了过去的每一件事。如果我在家里需要用到它，这时我就会去查看 Google Drive 中相对应的部分。"教师也可以创建一个在线教室，如 Google Classroom，文档存储在 Google 云端硬盘上，可以在云端硬盘的应用程序中进行编辑，如 Google 文档、表格等。

另外，她还提到了专注于如何与学生、家长和老师同事沟通的教育软件程序 APP Edmodo。该程序为教师提供工具，让教师们分享引人入胜的课程，让家长随时了解最新情况，并建立一个充满活力的课堂社区，专注于与学生、家长和老师沟通。访谈具体资料见附录一。

第四节 对我国基础教育数字化转型的启示

教育数字化是数字中国战略的重要组成部分，党的二十大报告指出，要推进教育数字化，建设全民终身学习的学习型社会、学习型大国。目前，我国正在深入实施教育数字化战略，积极推动教育变革和创新，加快建设人人皆学、处处能学、时时可学的学习型社会、学习型大国。通过对美国中小学互联网教育服务体系的分析，能够为我国基础教育数字化转型提供借鉴和参考。

一 基础教育数字化转型的特点

经过教育信息化1.0和教育信息化2.0的建设，我国教育信息化经历了起步、应用、融合、创新四个阶段，目前处于融合与创新并存的时期。基础教育数字化转型是教育信息化发展的新阶段，致力于实现从起步、应用和融合数字技术，到树立数字化意识和思维，培养数字化能力和方法，构建智慧教育发展生态，形成数字智力体系和机制。①

二 基础教育数字化转型的挑战

通过分析美国中小学互联网教育服务体系可发现，基础教育数字化转型是在数字化转换、数字化升级的基础上，从战略层面系统规划，全面推进数字化意识、数字化能力和数字化思维的过程。

在国家教育信息化政策的大力推动下，我国的教育数字化转型工作在基础设施建设、数字资源应用、信息平台搭建等方面取得了突破性进展，如全国中小学互联网接入率100%，"三全两高一大""三通两平台"等行动持续推进；数字化升级工作稳步推进，如管理信息化工作机制基本建立，网络安全支撑体系持续优化等。数字化转型正逐渐成为教育数字化改革的重心。

虽然我国教育信息化取得了阶段性成就，但数字技术与教育教学的融合仍存在诸多挑战。如学习设备不兼容，导致学生无法顺畅地进行数字化学习；一些教师缺少必要的知识和技能，无法保障数字化教学等。在信息社会背景下，需要培养出能够主动适应未来数字化社会发展的人才。

教育数字化转型迫在眉睫，其有助于推动整个社会的数字化转型发展，有助于提升国家竞争力。

---

① 黄荣怀、杨俊锋：《聚焦国家教育数字化战略行动：教育数字化转型的内涵与实施路径》，《中国教育报》2022年4月6日。

三 基础教育数字化转型的实施路径

（一）加强基础教育新型基础设施建设

基础教育新型基础设施建设是基础教育数字化转型的牵引力量，是加快推进教育现代化、建设教育强国的战略举措。应充分利用国家公共通信资源，建设连接全国基础教育各级各类学校和教育机构的教育专网，提供便捷、高速、绿色、安全的网络服务；依托国家数字教育资源公共服务体系，开展数字资源供给侧结构性改革，创新数字资源供给模式，提高数字资源供给质量；推动基础教育各级各类平台融合发展，构建互联互通、协同服务的"互联网＋教育"大平台；依托"互联网＋教育"大平台，创新教学、评价、研训、管理等应用，促进信息技术与教育教学深度融合。

（二）建设优质教育教学资源

优质教育资源是教育信息化建设的重点。根据义务教育课程方案和各学科课程标准（2022年版），应充分考虑基础教育阶段不同年级学生的学习特点，系统化建设课程教学资源，覆盖基础教育各年级各学科。资源建设要体现正确育人导向，做到整体谋划、前后衔接，体现新课改理念；教学资源建议以资源包方式呈现，包括微视频、学习任务单和课后练习等；授课教师应教态自然、书写规范、语言简练；教学设计应注重创设交互情境，激发学生深度思考，提高教学效果。还应不断优化资源管理，完善资源质量保障机制，组建由高校专家、一线教研员和优秀学科教师等组建的专业团队，严把质量关，加强对资源政治性、规范性和科学性的审查，建立资源动态更新机制，及时完善资源内容，不断提高资源质量。

（三）推进数字技术赋能教育评价

教育评价事关教育改革发展的方向。随着教育评价领域的深化改革与发展，充分利用并发挥数字技术优势，开发教育评价工具，创新教育评价新模式，是落实国家关于新时代教育评价改革意见的重要体现。利用数字技术收集教育教学过程中全员、全过程、全领域所产生的各种类型的数据，全面揭示学生在学习过程中的系列内部活动和外部活动，为开展个性化教学和进行教学干预提供科学依据，能够为学生提供适切的个性化学习服务。同时，评价方式从关注总结性评价转向关注基于数据的过程性评价，评价内容从关注学科成绩转向关注个体全面发展，评价手段从人工评价转向技术支持的智能评价。

（四）夯实教师数字素养与技能

教师数字素养是推进教育数字化转型的重要软实力，是培养高素质人才和构建高质量教育体系的重要支撑。应聚焦教育数字化转型中教师面临的机遇和挑战，进一步提升教师数字素养，如积极响应基础教育数字化转型变革，大力实施数字技术支持下的各项教学活动；深入推进人工智能、大数据、第五代移动通信技术（5th Generation Mobile Communication Technology，简称 5G）等新技术与教师队伍建设的融合。探索形成新技术助推教师数字素养与技能的新路径和新模式，提升教师数字化意识、数字技术知识与技能、数字化应用能力、数字社会责任。

（五）建立多部门协同机制

基础教育数字化转型是全流程、全要素、全业务的数字化过程，应建立持续投入和关注的机制。基础教育数字化转型需要建立多部门协同工作机制，积极推进多部门和中小学合作伙伴关系的建立，充分发挥各相关方的主动性和积极性，共同参与数字化建设，协力推进高性能数字化基础教育系统建设。

第五节　小结

本章介绍了美国中小学互联网教育服务体系，以美国得克萨斯州丹顿独立学区为例，分析了美国中小学互联网教育服务体系的架构和组成，介绍了得克萨斯教育技术中心的发展历史、合作伙伴及开展的项目。在此基础上，选取了美国中小学课堂教学中常用的数学类、阅读类、编程类、综合类教育产品进行分析，介绍了产品特点及典型案例。最后，以美国 Newton Rayzor 小学为例，介绍了学校的互联网教育应用情况，并访谈了学校技术服务员 Kelly Born 女士。

第 四 章

互联网教育服务评价框架构建

"互联网 + 教育"是教育信息化的新阶段和新机遇,是深化教育服务模式改革的变革阶段。"互联网 + "塑造了新的教育服务供给方式,教育服务供给呈现社会化、个性化特点。在教育领域,互联网产品和服务是互联网教育最显性的表征,[1] 互联网教育产品是开展互联网教育的载体。分析互联网教育产品的用户接受度的关键因素是开展"互联网 + 教育"的必要前提,也是互联网技术促进教育变革的重要途径。本章通过分析影响互联网教育产品用户接受度的关键影响因素,设计与开发关键影响因素调查量表,分析关键影响因素及其相互关系。最后,对互联网教育产品的设计提出相关建议。

第一节 用户接受度及评价指标

互联网教育服务的理念和组织方式不同于传统学校教育,具有技术与教育融合、创新的特征。互联网教育服务促进个性化学习受到个人、群体倾向、培训服务等多种因素的制约。在个人因素方面,教学技能并不能直接影响用户的技术使用行为,主要通过影响用户对技术的难易感知间接制约用户的使用行为;[2] 在群体倾向方面,群体倾向与教师使用 E-

---

[1] 黄荣怀、刘德建、吴志祥、张定文、曾海军、李美爽、包昊罡、焦艳丽、吴淑豪、黄少怀、庄榕霞、张颖、屈晓春、刘晓琳、邰红艳:《2016 中国互联网教育产品发展指数报告》,北京师范大学智慧学习研究院,2016 年。

[2] Pituch, K. A. , & Lee, Y. K. , "The Influence of System Characteristics on E-learning Use", *Computers & Education*, Vol. 47, 2006, pp. 222 – 244.

learning 系统的有用性感知和行为意愿都具有显著正相关；① 在培训服务方面，培训等技术服务能显著影响学生对 Moodle 平台的感知有用性和感知易用性。②

目前，我国的教育信息化发展仍处于"互联网促进教育变革的初始阶段"③。互联网教育服务是互联网技术的最终重要载体和表现形式，互联网教育的发展离不开对用户（即服务对象）提供的互联网教育产品和服务。然而，作为互联网教育教学内容、教学方式及教学环境的基本载体，互联网教育产品提供的服务依然存在很多问题。因此，深入分析并探讨影响互联网教育产品用户接受度的关键因素，进一步提升互联网教育产品质量显得尤为重要。下面重点介绍技术接受模型和系统可用性量表，在此基础上分析互联网教育产品用户接受度的影响因素。

一　技术接受模型

研究关注学习者对互联网教育及其产品接受程度。技术接受模型（Technology Acceptance Model，TAM）是一种代表性的分析模型。④ 技术接受模型吸收了期望理论、自我效能感理论，将社会心理学中的理性行为运用于管理信息系统，进而解释和预测用户对信息技术的接受程度。在技术接受模型中，"感知易用性"（Perceived Ease of Use）和"感知有用性"（Perceived Usefulness）被认为是表征用户技术接受度的两个关键因素。其中，"感知易用性"是用户个人主观认为，使用某一项特定技术时个人所应付出的努力程度；"感知有用性"是用户个人主观上认为，使

---

①　Venkatesh, V., & Davis, F. D., "A Model of the Antecedents of Perceived Ease of Use: Development and Test", *Decision Sciences*, Vol. 27, 1996, pp. 451 – 481.

②　Escobar-Rodriguez, T., & Monge-Lozano, P., "The Acceptance of Moodle Technology by Business Administration Students", *Computers & Education*, Vol. 58, 2012, pp. 1085 – 1093.

③　黄荣怀、刘德建、刘晓琳、徐晶晶：《互联网促进教育变革的基本格局》，《中国电化教育》2017 年第 1 期。

④　Davis, F. D., "Perceived Usefulness, Perceived Ease of Use, and User Acceptance of Information Technology", *MIS Quarterly*, 1989, pp. 319 – 340.

用某一项特定技术能够提升个人工作绩效的程度。[①] 虽然，技术接受模型不是专门针对教育领域设计的，但该模型的两个主要指标"感知易用性"和"感知有用性"，已经被广泛地应用于教育产品的测评中。[②] 如 Wu 等人利用技术接受模型探究了学习者及教师对在线协作学习分析工具的技术接受度；[③] Escobar-Rodriguez 和 Monge-Lozano 等人利用技术接受模型分析了学生对 Moodle 平台的使用习惯，以提升教学效果。[④]

二　系统可用性量表

系统可用性量表（System Usability Scale，SUS）是另一个广泛使用的用户接受度评价方法，是面向电子办公系统提出的一种系统可用性测试方法。[⑤] 易用性（Learnability）和可用性（Usability）是系统可用性量表针对技术产品的主要指标。作为一个标准化的量表，该量表在技术产品测评领域得到了广泛的应用。如 Renaut 等人为了让学习者有更好的学习体验，使用该量表对 SPIRAL 平台开展可用性测量，进而为以学习者为中心的系统设计提供依据。[⑥] Marco 等人使用该量表分析了 Moodle 平台上实时在线协作系统的可用性。[⑦] 也有研究者采用系统可用性量表分析了中小

---

① Davis, F. D., "Perceived Usefulness, Perceived Ease of Use, and User Acceptance of Information Technology", *MIS Quarterly*, 1989, pp. 319 – 340；张思、李勇帆：《基于技术接受模型的高校教师网络教学行为研究》，《远程教育杂志》2014 年第 3 期。

② Persico, D., Manca, S., Pozzi, F., "Adapting the Technology Acceptance Model to Evaluate the Innovative Potential of E-learning Systems", *Computers in Human Behavior*, Vol. 30, 2014, pp. 614 – 622.

③ Wu, C. H., Hwang, G. J., Kuo, F. R. Collab-Analyzer, "An Environment for Conducting Web-based Collaborative Learning Activities and Analyzing Students' Information-searching Behaviors", *Australasian Journal of Educational Technology*, Vol. 30, 2014, pp. 356 – 374.

④ Escobar-Rodriguez, T., Monge-Lozano, P., "The Acceptance of Moodle Technology by Business Administration Students", *Computers & Education*, Vol. 58, 2012, pp. 1085 – 1093.

⑤ Brooke, J., "SUS A 'Quick and Dirty' Usability", *Usability Evaluation in Industry*, Vol. 189, 1996, pp. 4 – 7.

⑥ Renaut, C., Batier, C., Flory, L., et al., "Improving Web Site Usability for a Better E-learning Experience", *Current Developments in Technology-assisted Education*, 2006, pp. 891 – 896.

⑦ Marco, F. A., Penichet, V. M. R., Gallud, J. A., "Collaborative E-Learning Through Drag & Share in Synchronous Shared Workspaces", *Journal of Universal Computer Science*, Vol. 19, 2013, pp. 894 – 911.

学自然科学移动学习系统的可用性，^① 以及在线协作分析工具对教师和学生的可用性。^② Simões 和 De Moraes 分析许多研究后发现，系统可用性量表是开展教育系统测评的优秀工具。^③

三　评价指标体系分析

影响用户对互联网教育产品接受度的因素非常多。在关于技术接受模型的相关研究中，有研究者发现，感知易用性和感知有用性由系统特征、个体差异、便利条件、社群影响四种不同类型的因素决定，同时受经验和自愿性两个调节变量的影响。^④ 作为互联网教育教学内容、教学方式及教学环境的基本载体，有大量的因素会影响学习者对互联网教育产品的接受程度，如教学内容、服务水平、产品功能及学习反馈等。^⑤ 与此同时，用户的自身特点也会影响其对教学产品的接受度。Bringula 的层次回归分析结果显示，学生更愿意使用网络产品或导航网站来学习，而不是求助于有经验的老年人。^⑥ 也有研究表明，用户性别、年龄、网络使用态度、网络自我效能感和使用频率会影响其对互联网教育产品可用性的

① Chu, H. C., Hwang, G. J., Tsai C. C., et al., "A Two-tier Test Approach to Developing Location-aware Mobile Learning Systems for Natural Science Courses", *Computers & Education*, Vol. 55, 2010, pp. 1618 – 1627.

② Wu, C. H., Hwang, G. J., Kuo, F. R., "Collab-analyzer: An Environment for Conducting Web-based Collaborative Learning Activities and Analyzing Students' Information-searching Behaviors", *Australasian Journal of Educational Technology*, Vol. 30, 2014, pp. 356 – 374.

③ Simões, A. P., De Moraes, A., "The Ergonomic Evaluation of a Virtual Learning Environment Usability", *Work*, Vol. 41, 2012, pp. 1140 – 1144.

④ Venkatesh, V., Bala, H., "Technology Acceptance Model 3 and a Research Agenda on Interventions", *Decision Sciences*, Vol. 39, 2008, pp. 273 – 315；张思、李勇帆：《基于技术接受模型的高校教师网络教学行为研究》，《远程教育杂志》2014 年第 3 期。

⑤ Li, Y., Duan, Y., Fu, Z., et al., "An Empirical Study on Behavioural Intention to Reuse E-learning Systems in Rural China", *British Journal of Educational Technology*, Vol. 43, 2012, pp. 933 – 948.

⑥ Bringula, R. P., "Influence of Faculty and Web Portal Design-related Factors on Web Portal Usability: A Hierarchical Regression Analysis", *Computers & Education*, Vol. 68, 2013, pp. 187 – 198.

态度。①

北京师范大学黄荣怀教授团队对已有互联网教育服务提出了测评指标体系,② 丰富的学习功能、优质的学习内容、合格的技术规范是互联网教育产品提供良好用户体验、获得较高用户满意度的基础。与传统学习产品相比,互联网教育产品需要对互联网学习这一新兴学习方式有更深入的认知。本书提出从"内容适配度""技术规范""产品支持度""互联网学习认知""学习体验"五个维度对互联网教育产品开展测评。

(一) 内容适配度

内容适配度主要考察互联网教育产品提供的学习内容,包括内容针对性、目标指向性、内容结构、媒体设计以及适用性五个二级指标,如表4-1所示。内容针对性主要指学习内容具体,并且完整地呈现学习目标。目标指向性指各学习单元有明确的学习目标,学习目标描述准确、具体。内容结构指学习内容组织架构清晰,内容具有深度和广度。媒体设计指学习媒体质量符合规范,准确体现学习内容。适用性是指学习内容有较好的适用性。

表4-1 **内容适配度指标**

一级指标	二级指标	描述
内容适配度	内容针对性	学习内容具体,并且完整地呈现学习目标
	目标指向性	各学习单元有明确的学习目标,学习目标描述准确、具体
	内容结构	学习内容组织架构清晰,内容具有深度和广度
	媒体设计	学习媒体质量符合规范,准确体现学习内容
	适用性	学习内容有较好的适用性

注: 作者自制。

---

① Orfanou, K., Tselios, N., Katsanos, C., "Perceived Usability Evaluation of Learning Management Systems: Empirical Evaluation of the System Usability Scale", *The International Review of Research in Open and Distributed Learning*, Vol. 16, 2015, pp. 227 – 246.

② 黄荣怀、刘德建、吴志祥、张定文、曾海军、李美爽、包昊罡、焦艳丽、吴淑豪、黄少怀、庄榕霞、张颖、屈晓春、刘晓琳、邬红艳:《2016 中国互联网教育产品发展指数报告》,北京师范大学智慧学习研究院,2016 年。

（二）技术规范

技术规范指标主要考察互联网教育产品的技术标准，包括架构设计、技术创新、运行维护和安全性四个二级指标，如表 4-2 所示。

架构设计主要指系统设计层次清晰、结构合理，可跨平台使用。系统兼容性强，流程容错率高。技术创新指程序设计新颖，使用先进软件技术，充分运用人工智能、大数据及互联网资源等。运行维护主要是指针对系统运行中出现的问题，可以快速反应与解决，有关产品运行的帮助文档齐全，案例丰富，能为用户提供良好的支持服务。安全性强调注重用户个人隐私与学习材料等数据保护，软硬件工具具有高可靠度和安全性，服务器与备用系统设计能实现快速反应。

表 4-2　　　　　　　　　　　技术规范指标

一级指标	二级指标	描述
技术规范	架构设计	系统设计层次清晰，结构合理，可跨平台使用。系统兼容性强，流程容错率高
	技术创新	程序设计新颖，使用先进软件技术，充分运用人工智能、大数据及互联网资源等
	运行维护	针对系统运行中出现的问题，可以快速反应与解决，有关产品运行的帮助文档齐全，案例丰富，能为用户提供良好的支持服务
	安全性	注重用户个人隐私与学习材料等数据保护，软硬件工具具有高可靠度和安全性，服务器与备用系统设计能实现快速反应

注：作者自制。

（三）产品支持度

产品支持度主要考察平台是否支持学习者学习，包括呈现方式、学习策略、学习支持、反馈评价、用户界面以及有效性六个二级指标，如表 4-3 所示。呈现方式指使用恰当的实例来说明、解释学习内容，有效促进学习者对学习内容的理解。学习策略是指运用多种方法，增强学习者与学习内容之间的互动，加强学习内容与学习者原有知识的关联。学

习支持是为学习者提供明确的学习支持服务，并为学习者学习进度提供
参考。反馈评价是为学习者提供适当的练习活动与评价，帮助学习者掌
握学习内容，分析学习效果并达到教学目标。用户界面主要指产品界面
设计简明、美观、布局合理，适当地呈现学习内容。有效性主要指帮助
学习者达成学习目标，获得预期学习结果。

表 4 - 3 产品支持度指标

一级指标	二级指标	描述
产品支持度	呈现方式	使用恰当的实例来说明、解释学习内容，有效促进学习者对学习内容的理解
	学习策略	运用多种方法，增强学习者与学习内容之间的互动，加强学习内容与学习者原有知识的关联
	学习支持	为学习者提供明确的学习支持服务，并为学习者学习进度提供参考
	反馈评价	为学习者提供适当的练习活动与评价，帮助学习者掌握学习内容，分析学习效果并达到教学目标
	用户界面	产品界面设计简明、美观、布局合理，适当地呈现学习内容
	有效性	帮助学习者达成学习目标，获得预期学习结果

注：作者自制。

（四）互联网学习认知

互联网学习认知是指互联网教育产品所体现的互联网学习方面的特
点，包括学习引导、即时反馈、泛在学习、创意性和一致性五个二级指
标，如表 4 - 4 所示。学习引导是指引导、追踪与记录学习过程与学习内
容。即时反馈是指为学生提供各单元、整门课程的测试，体现学习目标
的要求。根据各单元测验结果形成学习记录，并对学生提供个性化反馈，
有助于分析和评价学习过程。泛在学习是指具有在线协作、数据共享、
随时随地学习等互联网特色的功能，使用移动端智能设备开展个性化学
习活动。创意性主要指教学内容、教学媒体与教学设计富有创意，能有
效激发学习者的学习兴趣。一致性是指学习目标、学习活动、练习与评

价的内容具有一致性，能够达到预期的学习目标。

表 4 - 4　　　　　　　　互联网学习认知指标

一级指标	二级指标	描述
互联网学习认知	学习引导	引导、追踪与记录学习过程与学习内容
	即时反馈	为学生提供各单元、整门课程的测试，体现学习目标的要求。根据各单元测验结果形成学习记录，并对学生提供个性化反馈，有助于分析和评价学习过程
	泛在学习	具有在线协作、数据共享、随时随地学习等互联网特色的功能，使用移动端智能设备开展个性化学习活动
	创意性	教学内容、教学媒体与教学设计富有创意，能有效激发学习者的学习兴趣
	一致性	学习目标、学习活动、练习与评价的内容具有一致性，能够达到预期的学习目标

注：作者自制。

（五）学习体验

学习体验主要基于学习者（用户）学习角度进行考察，重视过程体验，包括易用性、学习指导、动机激发、媒体效果及操作帮助五个二级指标，如表 4 - 5 所示。其中，易用性是指学习者快速且容易上手，不会增加认知负荷。学习指导主要是针对学习过程中遇到的难点、重点内容，适时提供有效的指导和帮助。动机激发是指吸引学习者注意力，激发并保持学习者学习兴趣。媒体效果是指符合多媒体设计原则，充分考虑学生认知特点，有助于学生理解学习内容。操作帮助是指提供针对产品的使用帮助说明，帮助说明具体、完整，为学习者提供检索功能，方便使用。

表 4 – 5 学习体验指标

一级指标	二级指标	描述
学习体验	易用性	学习者快速且容易上手，不会增加认知负荷
	学习指导	针对学习过程中遇到的难点、重点内容，适时提供有效的指导和帮助
	动机激发	吸引学习者注意力，激发并保持学习者学习兴趣
	媒体效果	符合多媒体设计原则，充分考虑学生认知特点，有助于学生理解学习内容
	操作帮助	提供针对产品的使用帮助说明，帮助说明具体、完整，为学习者提供检索功能，方便使用

注：作者自制。

第二节 测评工具设计与开发

一 测量工具的编制

（一）原始测量题目的编制

综合互联网教育产品的接受度和互联网教育产品的特征，设计互联网教育产品评价指标及其相关要素的问卷。问卷包含"内容适配度""技术规范""产品支持度""互联网学习认知""学习体验"五个维度，参考多种来源编制评价指标原始测量题项。其中，"教学内容"和"学习功能"相关题目部分参照 Wu、Hwang 和 Kuo 的研究成果；[1] "有效性"和"易用性"相关题目参考"技术接受问卷"[2] 以及系统可用性量表；[3] 用

---

① Wu, C. H., Hwang, G. J., Kuo, F. R., "Collab-Analyzer: An Environment for Conducting Web-based Collaborative Learning Activities and Analyzing Students' Information-searching Behaviors", *Australasian Journal of Educational Technology*, Vol. 30, 2014, pp. 356 – 374.

② Davis, F. D., "Perceived Usefulness Perceived Ease of Use, and User Acceptance of Information Technology", *MIS Quarterly*, Vol. 13, 1989, pp. 319 – 340.

③ Brooke, J., "SUS: A 'Quick and Dirty' Usability", *Usability Evaluation in Industry*, Vol. 189, 1996, pp. 4 – 7.

户界面相关题目参考 Harrati 等人的研究成果;[①] 学习者的学习体验相关题目参考 Cassino 等人的研究成果;[②] 其他为自编题目。经过专家、一线教师和家长确认后，最终形成一个含 92 个题目的问卷，每个问卷均采用李克特七点式量表。

（二）预测试和正式测试

为保证测试题目内容效度，邀请 12 位教育技术专家和一线中小学教师对这些题目进行检查，共选出 75 道题目。为提高题目表述的准确性、简约性和清晰度，专门邀请了 10 位小学教师、10 位初中教师、10 位高中教师对问卷进行了试填写，并根据他们的反馈意见对题项进行修改完善。

2019 年，研究团队分别对山东省 575 名中小学教师、陕西省 310 名中小学教师开展了互联网教育产品使用影响因素调查，修改了量表题目，形成了包含 60 个题目的互联网教育产品使用影响因素调查问卷。同年，使用该问卷对山东省 13 所中小学校的 265 位教师开展了互联网教育产品使用影响因素调查。2020 年，研究团队根据 2019 年调查结果对量表再次进行修订，形成了有 48 个题目的调查问卷，其中，内容适配度 9 道题目，技术规范 8 道题目，产品支持度 12 道题目，互联网学习认知 7 道题目，学习体验 12 道题目。

二　数据收集

2020 年 1—10 月，研究团队在山东、浙江、河北、河南、宁夏、陕西、贵州等地开展了互联网教育产品使用影响因素调查。调查采用分层抽样和方便抽样的原则，选择小学语文、小学数学、小学英语、初中语文、初中数学、初中英语等学科教师进行调查。问卷以纸质问卷和网络问卷（www. wjx. cn）两种方式发放。共有 124 所中小学的 1456 名教师参加调查，有效问卷 1388 份，有效率为 95.3%。

---

① Harrati, N., Bouchrika, I., Tari, A., et al., "Exploring User Satisfaction for E-learning Systems Via Usage-based Metrics and System Usability Scale Analysis", *Computers in Human Behavior*, Vol. 61, 2016, pp. 63 –471.

② Cassino, R., Tucci, M., Vitiello, G., et al., "Empirical Validation of an Automatic Usability Evaluation Method", *Journal of Visual Languages & Computing*, Vol. 28, 2015, pp. 1 –22.

这 1456 名中小学教师，年龄分布在 25—40 岁，日常教学中熟练使用学科教学平台。通过结合自身日常教学中互联网教育平台的应用情况，以及学科内容特点，根据研究团队设计的互联网教育产品评价框架进行分析，进而得出互联网教育产品的评价体系。

三 数据分析方法

为了建立互联网教育产品评价框架并验证其有效性，本研究将 1388 份回收问卷随机分成数量相等的两部分。其中的 694 份问卷（样本 1）利用 SPSS 22.0 开展探索性因子分析（Exploratory Factor Analysis，EFA），探索互联网教育产品测评的主要维度；另外的 694 份问卷（样本 2），则利用 AMOS 24.0 开展验证性因子分析（Confirmatory Factor Analysis，CFA）和交叉效度检验，验证互联网教育产品测评框架的合理性和稳定性。

第三节 互联网教育服务评价框架

数据分析过程包括根据调查数据，使用探索性因子分析方法来分析互联网教育产品测评框架组成要素，使用验证性因子分析和模型交叉效度检验对框架组成因子及因子间关系进行验证分析。

研究中采用克隆巴赫系数（Cronbach's Alpha）来判断量表及其构成的信度。Devellis 的研究表明，克隆巴赫系数的值大于 0.9 时，数据一致性高。[①]

一 互联网教育服务组成要素分析

（一）项目分析

在开展探索性因子分析之前，通过项目分析来确定哪些题目可以用于后续数据分析。根据前面样本分类，利用样本 1 的 694 份数

---

① Devellis, R. F., *Scale Development Theory and Application*, London：Sage，1991，pp. 34 – 35.

据，使用极端组检验法和同质性检验法，[①] 对 48 个题目进行项目分析。

数据分析发现，通过极端检验法，总分高、低组在每个题目上测量值的平均值达到显著性差异（$p < 0.001$），48 个题目均具有较好的鉴别力。同质性检验法（修正后题目与量表总分相关系数）分析表明，各题目与其他题目加总后的相关系数在 0.431—0.695 之间，均大于 0.3，且删除该题目后，量表的内部一致性克隆巴赫系数均未变大。48 个题目具有较好的同质性。通过项目分析表明，48 个题目均可以用于探索性因子分析。

（二）探索性因子分析

该量表的 KMO 值为 0.978，Bartlett 球形检验 χ^2 值为 170120.564（自由度为 1295），达到显著性 shui-（$p = 0.000$），分析结果表明，量表数据可以进行探索性因子分析。

在不限定公共因子数目的情况下，本研究采用主轴因子法（Principal Axis Factoring）和直接斜交旋转法（Direct Oblimin），进而提取出特征值大于 1 的 5 个共同因子，累积方差贡献率为 54.654%。根据题目间的相关性、题目在各因子上的负荷量等，对各题目进行了检查，并重新采用探索性因子法进行分析。最终保留 30 个题目，提取 5 个共同因子，共解释 54.807% 方差。各个因子的内部一致性系数值在 0.831—0.887 之间，一致性较好。其中，内容适配度有 5 道题目，技术规范有 5 道题目，产品支持度有 8 道题目，互联网学习认知有 4 道题目，学习体验有 8 道题目。

这五个维度 30 道题目的分布基本符合设计时对题目结构的假设，具体如表 4-6 所示。

---

① 涂金堂：《量表标志与 SPSS》，台北五南图书出版公司 2012 版。

表4-6 互联网教育平台测评的五个维度及其对应题项

	题项
内容适配度	1. 该学习平台教学设计、教学内容和教学媒体有创意
	2. 该学习平台能够记录我的学习进度并且进行适时督促
	3. 该学习平台对我的学习效果评价是准确可靠的
	4. 该学习平台能够为我提供个性化的学习活动（例如和网友一起合作或竞争学习等）
	5. 该学习平台的教学目标、学习活动和练习评价的内容是一致的
技术规范	6. 该学习平台能够在多个终端（手机、iPad、电脑、电视等）使用
	7. 该学习平台在多个终端进行数据同步共享简单快捷
	8. 该学习平台对我的个人资料和学习情况有安全保护，没有泄露
	9. 该学习平台运行流畅，能够经常性进行系统维护和更新
	10. 该学习平台的程序、界面等设计新颖
产品支持度	11. 该学习平台教学形式多样
	12. 该学习平台为我提供了学习计划
	13. 该学习平台有巩固复习、查漏补缺等教学或练习活动
	14. 该学习平台有充分、恰当的示例和演示来解释说明教学内容
	15. 该学习平台能够为我提供合适的练习活动，让我了解自己的学习效果
	16. 该学习平台能够提供我需要的学习支持服务
	17. 该学习平台界面设计简单，易于操作
	18. 该学习平台帮助我得到了高质量的学习结果
互联网学习认知	19. 该学习平台的教学目标清晰，教学内容符合其教学目标
	20. 该学习平台有明确的学习目标说明，目标的描述准确具体
	21. 该学习平台的教学内容组织架构清晰，有循序渐进的学习过程
	22. 针对某一学习目标，该学习平台的教学内容能够全面覆盖

续表

	题项
学习体验	23. 该学习平台使用简单，我能够快速上手，不会增加我的学习负担
	24. 该学习平台向我介绍了平台操作的使用方法
	25. 该学习平台提供了检索、搜寻等便捷功能
	26. 该学习平台能够明确课程的重点并提供有效的帮助
	27. 该学习平台能够针对我的学习难点提供适时有效的帮助
	28. 该学习平台借助了一些媒体（视频、音频、图片等）来辅助我学习
	29. 该学习平台的媒体（视频、音频、图片等）运用恰当，有助于我理解学习内容
	30. 该学习平台能够有效地吸引我的注意力，激发和保持了我的学习兴趣

注：作者自制。

二　互联网教育服务测评维度结构分析

研究过程中，运用样本 2 数据，分别进行了一阶验证性因子分析（Confirmatory Factor Analysis，CFA）和二阶验证性因子分析，目的是对通过探索性因子分析形成的互联网教育服务评价框架的五个因子进行检验，并对这五个因子之间的关系进行进一步探究，形成互联网教育服务测评框架。研究过程中，还运用样本 1 和样本 2 数据开展两群组交叉效度检验，以验证该模型在不同群组间的测量等价性，进而确保该模型可以解释调查的所有数据。

研究过程中，先对通过探索性因子分析所得的五个因子的测量模型分别进行验证性因子分析，发现各因子模型中的因子负荷量均在 0.51—0.815 之间，方差误差均不为负，且都达到显著性水平。计算拟合指标发现，各因子一阶模型的绝对适配度指数 RMSEA（Root Mean Square Error of Approximation，近似误差均方根）均小于 0.07，增值适配度指数 GFI（Goodness-of-Fit Index，拟合优度指数）、AGFI（Adjusted Goodness of Fit Index，调整后拟合优度指数）和 CFI（Comparative Fit Index，比较拟合指数）均大于 0.972。五个因子各自的模型拟合度良好，构建了互联网教育服务的五因子评价模型。

为了检验这个五因子评价模型的结构效度,还需要进行收敛效度(convergent validity,又称为聚合效度)和区分效度(Discriminant validity)计算。就收敛效度而言,这五个因子的组成信度为 0.698—0.872,平均方差萃取量(Average Variance Extracted,AVE)为 0.449—0.579,因子负荷量也大于 0.70,因此,这五个因子均具有收敛效度。

辨别各个维度间的区别效度有很多种方法,由于各维度间的皮尔逊相关系数值有多个超过 0.7,因此本研究采用置信区间估计的方法进行判断,[1] 也就是在 95% 的置信水平下,采用 Bootstrap 估算方法,建立相关系数的置信区间,如果不包括 1,则表示各个维度之间具有区别效度。[2] 经过检验分析发现,五个维度之间都没有出现相关系数置信区间包括 1 的情形。因此,本研究的五个因子具有区别效果。

通过五因子模型的一阶验证性因子分析发现,五个测评模型结构均具有良好的拟合度,具有良好的收敛效度和区别效度。该模型可以用来解释调查所收集的数据。

第四节   小结

互联网教育服务测评对于开展互联网教育、设计互联网教育产品、提供互联网教育服务至关重要。为了更好地对中小学互联网教育服务进行分析和测评,本章构建互联网教育服务测评指标,编制相应问卷,通过专家访谈、较大规模测评和数据分析等,形成了中小学互联网教育服务测评框架。该测评框架模型结构合理,对调查数据拟合度良好,具有较好的信度、效度和测量等价性,可作为中小学互联网教育服务的测评框架,同时也为互联网教育产品在中小学的进一步应用的实证研究提供有力支持。

---

① Ping, Jr R. A. , "On Assuring Valid Measures for Theoretical Models Using Survey Data", *Journal of Business Research*, Vol. 57, 2004, pp. 125 – 141.

② Torkzadeh, G. , Koufteros, X. , Pflughoeft, K. , "Confirmatory Analysis of Computer Self-efficacy", *Structural Equation Modeling*, Vol. 10, 2003, pp. 263 – 275.

　　通过分析发现，中小学互联网教育服务测评框架主要由五个维度组成，即内容适配度（包括内容针对性、目标指向性、内容结构、媒体设计、适用性五个二级指标）、技术规范（包括架构设计、技术创新、运行维护、安全性四个二级指标）、产品支持度（包括呈现方式、学习策略、学习支持、反馈评价、用户界面、有效性六个二级指标）、互联网学习认知（包括学习引导、即时反馈、泛在学习、创意性、一致性五个二级指标）、学习体验（包括易用性、学习指导、动机激发、媒体效果、操作帮助五个二级指标）。这五个维度是紧密结合在一起的。内容适配度和产品支持度为互联网教育产品设计提供内容基础和环境基础，技术规范为开展互联网教育活动提供技术基础，互联网学习认知和学习体验充分体现了新一代学习者的认知特点和学习需求。

第 五 章

教育测评机器人的理念构想
与教学应用

《国务院关于印发〈新一代人工智能发展规划〉的通知》（国发〔2017〕35 号）和《教育部关于印发〈教育信息化 2.0 行动计划〉的通知》（教技〔2018〕6 号）都强调人工智能、大数据等技术将深刻改变教与学的方式，变革传统模式，积极推进新技术与教育教学的深度融合。当前，人工智能已成为国际竞争新焦点、经济发展新引擎，应积极推动人工智能在教学中的应用，为学生提供精准推送的教育服务。机器人是当前科技变革的最重要领域之一，将对人类社会的生产模式和生活方式产生深刻影响。当前，教育服务由标准化转向个性化，[①] 随着机器人技术的不断发展及在教育中应用不断深入、角色不断深化，其对学生学习效果及自我效能感的影响已引起学者和使用者的普遍关注。在教育教学领域中，能够替代或增强教师功能的服务机器人研究，目前尚处于起步阶段。基于此，本章提出了教育测评机器人的理念构想，介绍了其系统架构与功能模块，并在初中数学课堂开展实践应用，分析应用效果。

第一节　教育机器人研究现状

一　教育机器人的功能与教学需求

教育机器人源于美国麻省理工学院帕波特（Seymour Papert）教授

---

① 黄荣怀、刘德建等：《2017 互联网教育服务产业研究报告》，互联网智能技术及应用国家工程实验室，2017 年。

1969 年为儿童设计的程序语言 Logo。教育机器人是面向教育领域研发的，以培养学生的分析能力、创造能力和实践能力为目标，涉及"教育行业中的服务机器人"和"青少年机器人教育"。[1] 教育机器人和教学密切相关，作为教学的主要内容，在教学中起主导作用或扮演辅助角色，辅助教学的顺利进行，[2] 满足学生个性化学习需求。当前教育机器人的研究主要集中于中小学教育和 STEM 教育。

国外教育机器人的研究开展较早。早在 20 世纪 60 年代，日本、美国、英国等发达国家已经相继在大学里开始了对机器人教育的研究，如乐高机器人、RB5X、IntelliBrain Robot 等。[3] 当前，全球重要的教育机器人研究机构及产品有国际人工智能学会前主席、美国卡内基梅隆大学（Carnegie Mellon University，CMU）Manuela M. Veloso 教授团队研发的协作移动机器人（Collaborative Mobile Robots，CoBots），该机器人有知觉，能适应变化的环境并且不会对人类造成危害；美国麻省理工学院 Cynthia Breazeal 教授领军的个人机器人小组（Personal Robots Group）研发的具有复杂认知能力的机器人，如 DragonBot、Panda、Tega、Nexi 等；美国乔治理工学院 Andrea L. Thomaz 教授带领的社交智能机器实验室（Socially Intelligent Machines Lab，SIML）研发的 Simon 机器人，该机器人通过机器学习技术，具有主动和被动两种模式；瑞士洛桑联邦理工学院（Ecole Polytechnique Federale de Lausanne，EPFL）Mohamed Bouri 主持研发的针对六岁以上儿童使用的教育机器人 Thymio Ⅱ；意大利技术研究院（Italian Institute of Technology，IIT）研发的认知人形机器人平台 iCub；日本宫城大学（Miyagi University）小岛秀树（Hideki Kozima）教授研发的机器人 Infanoid 和 Keepon，Infanoid 是以 3—4 岁儿童为原型的半身造型机器人，Keepon 是黄色毛绒团子造型机器人，可以呈现多种类型情感；日本大阪大学及国际电气通信技术研究所石黑浩（Hiroshi Ishiguro）教授研发的仿真机器人 Robovie，该机器人具备语音合成、人脸识别及人脸情绪辨别的

---

[1]　黄荣怀、刘德建等：《教育机器人的发展现状与趋势》，《现代教育技术》2017 年第 1 期。

[2]　彭绍东：《论机器人教育（上）》，《中国电化教育》2002 年第 6 期。

[3]　王益、张剑平：《美国机器人的教育特点及启示》，《现代教育技术》2007 年第 11 期。

能力；英国赫特福德大学（University of Hertfordshire）Kerstin Dautenhahn 和 Chrystopher Nehaniv 研发的教育机器人 Kaspar，可以提高自闭症儿童的沟通互动能力；韩国浦项工科大学与韩国科学技术研究院共同研发的教育机器人 Engkey，可以解决韩国偏乡英语师资缺乏问题。

我国的机器人研究在 20 世纪七八十年代就已开展起来，但针对中小学的机器人教学研究起步较晚，到 20 世纪 90 年代后期才得到了初步的发展，目前发展仍不完善。国内生产研发的教育机器人主要有两大类：一是结合目前全国机器人竞赛的项目而开发的机器人，如能力风暴机器人、足球机器人、篮球机器人、灭火机器人、人形机器人等，这类机器人占了很大的比例；二是应用于课堂教学使用的机器人，如广州中鸣机器人、Sunny618 机器人、通用 ROBOT 教学机器人等。

关于教育机器人的教学需求，陈年兴等人通过文献分析、专家访谈和问卷调查，分析了六个年龄组（学前、小学、中学、大学、成人及老人）对教育机器人的需求，主要集中于语言教育、机器人教育、教学支持、社交技能培养、特殊教育等。针对不同教育阶段，提出了预期的可实现的时间表，他们认为，在不久的将来，教育机器人在学前和小学阶段有最大应用潜力。[①]

二　教育机器人应用效果

国内外一些研究机构已开始探索将教育机器人应用于教学。美国卡内基梅隆大学机器人学院（Robotics Academy）致力于研究教师如何在课堂上使用机器人，借助机器人来激发学生的学习动机与兴趣，设计开发了覆盖 K12 的近二十门课程。为了解决韩国偏乡英语师资缺乏问题，韩国浦项工科大学与韩国科学技术研究院共同研发了教育机器人 Engkey，通过 Engkey，韩国政府邀请菲律宾的英语教师远程遥控教授 10—12 岁小学生学习英语。应用效果表明，Engkey 显著提高了小学生口语能力，但

---

① Cheng, Y. W., Sun, P. C., Chen, N. S., "The Essential Applications of Educational Robot: Requirement Analysis from the Perspectives of Experts, Researchers and Instructors", *Computers & Education*, Vol. 126, 2018, pp. 399 – 416.

对小学生听力学习效果没有显著影响。针对自闭症儿童，英国赫特福德大学 Kerstin Dautenhahn 和 Chrystopher Nehaniv 研发了教育机器人 Kaspar，可以提高自闭症儿童的沟通互动能力。日本大阪大学（Osaka University）石墨（Hiroshi Ishiguro）教授带领的机器人团队研发了仿真机器人 Robovie，该机器人于 2013 年 2 月在京都东光小学（Higashihikari Elementary School）科学课堂开展了为期 14 个月的实验，实验结果显示，仿真机器人 Robovie 没有提升全班同学对科学的好奇心，但是显著提升了主动发问学生的好奇心，对于旁边被动观察的学生没有影响。[1] 关于教育机器人在语言学习中的应用，Chang 等人分析教育机器人在第二语言学习中的应用发现，教育机器人能够激发学生学习动机，提升学生学习成绩。[2] Benitti 系统分析了教育机器人在中小学的应用，指出教育机器人是一款有用的学习工具，能够帮助改善学生的思维、社交及其他技能，建议未来教育机器人的研究应该关注学生问题解决技能、思维技能、自我效能感等方面。[3] 针对当前研究现状，本章提出教育测评机器人理念构想，探究教育测评机器人在教学中的应用效果。

第二节　教育测评机器人的理念构想

一　理念构想

教育测评机器人（Educational Evaluation Robot）作为教育行业中的服务机器人，通过模式识别、自然语言理解、自动推理及机器学习等技术，全程记录学生解题过程和步骤，实现客观题和主观题的自动评测，自动给出评测结果，主动诊断学生学习困难并主动给予精准个性化干预，包

---

① 刘德建、黄荣怀等：《教育机器人的风口——全球发展现状及趋势》，人民邮电出版社 2016 年版，第 62 页。

② Chang, C. W., Lee, J. H., et al., "Exploring the Possibility of Using Humanoid Robots as Instructional Tools for Teaching a Second Language in Primary School", *Journal of Educational Technology & Society*, Vol. 13, 2010, pp. 13–24.

③ Benitti, F. B. V., "Exploring the Educational Potential of Robotics in Schools: A Systematic Review", *Computers & Education*, Vol. 58, 2012, pp. 978–988.

括自动推送个性化学习资源,清晰呈现个性化知识图谱,实时推断学习状态等。教育测评机器人由笔迹采集系统、智能分析系统和诊断干预系统三部分构成。笔迹采集系统是在不改变学生正常书写习惯的前提下,使用智能笔(Smart Pen)自动记录学生解题过程,自动采集学生原始答题数据,学生解题结束后,通过蓝牙技术将数据传输至智能分析系统。智能分析系统实现对学生客观题、主观题的自动分析与批改。基于分析与批改结果,针对学生解题过程中出现的易错步骤,诊断干预系统呈现学生的测评详情、分析报告等,给出学习建议,并提供有针对性的学习资料供学生学习。

二　系统架构

(一) 数据采集层

数据采集层主要由智能笔作为数据采集器,实现学生解题细颗粒度数据全程采集。先前研究证明学习者感知测量应该综合考虑学习行为和学习生理反馈两种数据,① 因此本研究采集的信息主要包括两方面:一是知识信息,采集学生答题数据并进行预储存,实现数据的智能采集与数字化管理;二是学生个体特征信息采集,通过设置贴近皮肤的感应器,收集学生的心理、情绪、态度等方面的信息。采集的数据存储在 Hbase 分布式数据库中。

(二) 数据分析层

数据分析层主要是基于大数据的数据存储与分析方式,主要采用 Spark 数据分布平台对采集的学生解题数据进行分析,分析过程并不是把学生解题过程和后台数据库简单匹配,而是根据后台数据库中的数学公理、命题等,采用自动推理、机器学习等方法,实现数学问题智能测评。

(三) 数据服务层

在对数据进行挖掘和分析后,通过图表、视频以及其他可视化方法

---

① 翟雪松、董艳等:《基于眼动的刺激回忆法对认知分层的影响研究》,《电化教育研究》2017 年第 12 期。

来表征数据，进行可视化分析，最终呈现学生学习诊断报告。通过个性化诊断发现学生学习过程中存在的问题，进而采用智能推送服务，为学生提供答题引导，为学生提供最适合的答题方法，并有针对性地推送错题集、强化训练习题等，满足个性化学习需求。

（四）数据显示层

将数据分析结果以可视化学习诊断报告的形式在用户终端（如个人电脑、智能移动终端及平板电脑等）显示，最大限度满足不同场景的使用需求，有助于学生及时了解自身学习情况，有助于教师、家长精准掌握学生学习状况。

三 功能模块

教育测评机器人具有精准诊断与主动干预等特点，包括学生端、教师端和家长端，功能模块设计如图 5-1 所示。

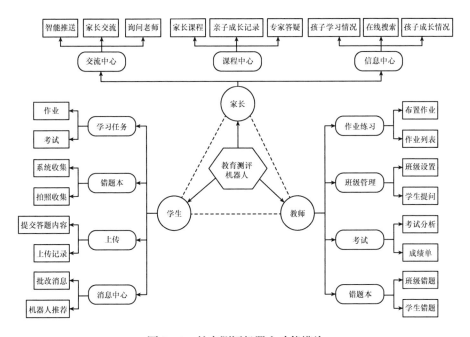

图 5-1 教育测评机器人功能模块

（一）教师的全程"机器人助教"

教育测评机器人具有机器人助教的功能，能够为教师提供教学相关事务的协助，如协助备课、协助出题、协助批改作业、分析课堂以及与家长保持互动沟通等，发挥技术优势，从而帮助教师从烦琐的事务中解脱出来，让教师有更多的时间和精力专注于教学设计与课堂教学。

（二）学生的"学习诊断医生"

学生在不改变书写习惯的情况下使用智能笔答题，自动上传答题内容，并实现作业自动批改。全程记录学生学习轨迹，实现学习过程贴身管理。教育测评机器人能够扮演"学习诊断医生"角色，收集、记录并分析学生解题过程中出现的问题，形成诊断报告，分析解题困难原因，自动生成学生个人学习报告，精准锁定薄弱学习环节，及时发现问题并针对性解决。自动生成个人错题本，错题本详细记录学生错题情况及原因分析。针对学生易错知识点和难点，设计开发针对性学习资源。教育测评机器人根据学生作业完成情况，及时诊断发现薄弱知识点，自动推送学习资源，帮助学生巩固知识。自动生成学生个人知识图谱，提供个性化学习服务。

（三）家长全面了解学生的"好帮手"

家长可以随时随地掌握学生学习情况，通过课程中心，学习教育学、心理学等相关知识，掌握与孩子沟通的技巧，与孩子共同成长。同时，保持家校沟通，建立"学生—教师—家长"学习共同体，共同探讨教育测评机器人使用过程中的问题。

第三节 教育测评机器人的应用策略

一 选择适用的学科内容

内容适配度是互联网教育服务测评的重要维度。任何一种工具都需要考虑其适用的学习内容。虽然不同类型知识的习得、巩固与转化、迁移与应用等阶段都有共同特征，但不能忽视它们的不同特征。因此，要使教育测评机器人发挥其优势，就需要对知识类型加以准确定位。作为两种不同性质的知识，陈述性知识和程序性知识在习得阶段基本相同，但在巩固与转化、迁移与应用等阶段有所不同。在巩固与转化阶段，教育测评机器人需要针对陈述性知识提供复习和记忆的方法指导，而对于程序性知识，则需要提供变式练习，并根据学生的完成情况做出有针对性的反馈。在迁移与应用阶段，教育测评机器人需要考查学生提取新习得的陈述性知识或者应用新习得的程序性知识（如解题技能或策略）解决新异问题的能力。

二　满足学生个性化学习需求

学生在知识储备、学习经历及学习风格等方面存在差异，在知识获取和技能习得过程中有不同需求。然而，当前学校教育强调"整齐划一""标准答案"，教师授课也只能兼顾中等知识水平学生，很难满足学生个性化学习需求。教育测评机器人能够发挥精准诊断与主动干预优势，与学校教育密切结合，关注学生个性化学习需求。如在作业反馈过程中，教育测评机器人能够自动识别学生手写笔记，精准诊断学生解题过程，自动收集学生解题数据，并给每个学生提供个性化干预方案，推荐个性化学习内容与学习路径。[①]

三　保持学生的学习动机

教育测评机器人作为新技术在教育中应用的代表，可以促进学习方式的转变。然而，学生不是从技术中学习，而是借助技术优势，从反思中不断学习。在学习过程中，根据教育测评机器人提供的反馈，不断提高思维能力。当学生发现利用技术工具来建构自己对知识的理解时，会对所学知识产生热情和兴趣，具有较强的学习动机，进而会把教育测评机器人作为学习伙伴，而不是学习负担。

四　鼓励父母与教师合作交流

Toh 等人研究发现，面向中小学生设计应用程序时，父母的支持至关

---

① 赵呈领、陈智慧等：《适应性学习路径推荐算法及应用研究》，《中国电化教育》2015 年第 8 期。

重要。① 在使用教育测评机器人过程中，要鼓励父母和教师一起参与学习活动设计。由于学生自制力存在差异，学生在课下使用教育测评机器人时，需要家长的有效监督。当学生遇到困难无法完成学习任务时，家长应积极鼓励学生，增强学生自信心和克服困难的勇气，与教师一起，形成学习共同体，提高使用效率。

五 提升师生的信息素养

教育测评机器人的精准诊断和主动干预功能，不但能够帮助学生开展个性化学习，还可以将每个学生的知识掌握情况即时反馈给教师，为教师设计课堂教学提供科学依据和参考。因此，在应用教育测评机器人的过程中，学生要熟练掌握基本操作，实现与课堂教学的"无缝连接"。教师要不断提高自身的整合技术的学科教学知识水平和信息素养，以满足信息时代人才培养的需要。②

第四节 教育测评机器人在初中数学课堂的应用

为了检验教育测评机器人的应用效果，本研究在初中数学课堂开展准实验研究，下面分别介绍研究对象、实验设计、数据收集方法以及应用效果。

一 研究对象

研究过程中选取了山东省烟台市某中学初中二年级两个班，在其数学课堂开展实验，一个为实验班，一个为对照班。实验班学生使用教育测评机器人，对照班使用传统教学方式。两个班的数学课程均由同一位老师授课，该老师能够在课堂教学中熟练使用信息技术。实验班有 50 名

---

① Toh, E., Poh, L., et al., "A Review on the Use of Robots in Education and Young Children", *Journal of Educational Technology & Society*, Vol. 19, 2016, pp. 148 –163.

② 吴砥、许林等:《信息时代的中小学生信息素养评价研究》,《中国电化教育》2018 年第 8 期。

学生，其中男生 21 名，女生 29 名；对照班有 50 名学生，其中男生 25 名，女生 25 名，年龄分布在 12—13 岁。在实验班的数学课堂教学中，学生使用了教育测评机器人进行学习。

二　实验设计

为了有效评估教育测评机器人的教学应用效果，实验开始前，任课教师给实验班学生讲授教育测评机器人的使用方法，学生掌握教育机器人的基本操作。当学生解决数学问题（包括客观题和主观题）时，实验班学生直接使用智能笔在练习册上作答，自动上传解题数据，后台人工智能系统自动解答并完成后，系统会将每道题的批改情况自动反馈给学生，如几何证明题解题错误，会自动标注错误出现在哪一步，根据诊断情况，自动给出相应数学知识点供学生个性化学习。即时有效的反馈，能够满足学生个性化学习需求，克服了传统教学"一刀切"的缺点。此外，全班学生解题情况会自动发送给教师，教师据此设计课堂教学，课上主要讲解学生解题过程的易错环节，鼓励学生采用不同的解题思路和方法。对照班学生使用传统的纸和笔作答，课上教师根据掌握的学生解题"大体情况"设计教学，讲解大部分学生没有掌握的问题。

三　数据收集方法

研究过程中，数学测试题由三位教学经验丰富的老师共同设计；自我效能感的测量采用 Wang 和 Hwang 设计开发的自我效能感量表，[①] 测试学生对获得良好数学成绩的信心，量表的可靠性系数为 0.92。前测于 2017 年 3 月开展，后测于 2017 年 7 月开展。实验结束后，分别选取数学知识水平高、中、低各 4 位学生进行半结构化访谈。访谈过程录音，随后进行编码分析。

---

① Wang, S. L., Hwang, G. J., "The Role of Collective Efficacy, Cognitive Quality, and Task Cohesion in Computer-supported Collaborative Learning (CSCL)", *Computers & Education*, Vol. 58, 2012, pp. 679 – 687.

四 应用效果

(一) 教育测评机器人对数学成绩的影响

实验开始前,对两个班的学生开展了数学知识前测,用于衡量两个班学生的数学知识水平。分析两个班的前测成绩发现,实验班平均值为81.14,标准差为26.79;对照班平均值为75.24,标准差为23.30。t 检验结果表明,两个班没有显著差异 ($t = -1.18$, $p > 0.05$),表明实验开始前,两个班学生具有相同的数学知识水平。

使用协方差分析法 (Analysis of Covariance, ANCOVA) 对两个班后测成绩进行处理,协变量为学生前测成绩,进而去除前测知识水平对学生后测成绩的影响。变量同质性及正态分布检验均无显著差异 ($p > 0.05$),表明使用协方差分析后测成绩是合适的。协方差分析结果如表5-1所示。实验班调整后的均值 (Adjusted Mean) 和标准误 (Std. error) 分别为87.59和0.97,对照班调整后的均值 (Adjusted Mean) 和标准误 (Std. error) 分别为82.29和0.97。两个班的后测成绩存在显著差异 ($F = 14.87$, $p < 0.001$)。也就是说,与传统方法相比,使用教育测评机器人显著提升了学生的数学学习成绩。

表5-1 后测数学成绩协方差分析

班级	人数	平均值	标准差	调整后的平均值	标准误	F
实验班	50	90.70	27.69	87.59	0.97	14.87 ***
对照班	50	79.18	26.98	82.29	0.97	

注: *** $p < 0.001$。

已有研究表明,初中生自我监控水平较低。[1] 在传统教学中,当学生遇到学习困难需要帮助时,由于学生人数多,教师很难满足每位学生的需求。然而,在"互联网 +"背景下,教育测评机器人能够发挥技术优

---

[1] 连榕、罗丽芳:《学业成就中等生和优良生的成就目标、自我监控与学业成绩关系的比较研究》,《心理科学》2003 年第 6 期。

势，提供针对性的诊断与干预方案，满足每位学生的个性化学习需求。访谈过程中，中等生 S 表示："我很想把数学学好，然而，平时课上时间紧张，课下教师忙于批改作业，很难对我不懂的题目进行指导。它（教育测评机器人）能够对我的做题情况即时反馈，提供个性化指导，还提供前后知识点的学习材料。"同时，教育测评机器人通过设置"红包纠错"等功能，激发学生的内部学习动机和自我监控水平，使学生在快乐、轻松的氛围中学习，显著提高了学习成绩。

（二）教育测评机器人对学生自我效能感的影响

自我效能感是指学习者有信心在不同任务和情境下有效工作的程度，[1] 在个人成就中表现在认知、激励、情感与选择四个方面，[2] 被视为学生投入学科活动的一种学习动机类型。[3] 实验班自我效能感前测均值和标准差分别为 3.19 和 0.61，对照班自我效能感前测均值和标准差分别为 3.03 和 0.75。t 检验结果显示，实验班和对照班自我效能感前测没有显著差异（$t = -1.21$，$p > 0.05$），说明在参与实验前，两个班学生具有相同的自我效能感水平。实验结束后，对两个班进行了自我效能感后测，后测协方差分析结果如表 5-2 所示。去除前测影响，实验班调整后的均值和标准差为 3.85 和 0.04，对照班相应数据分别为 3.21 和 0.04，两个班级存在显著差异（$F = 10.73$，$p < 0.001$）。也就是说，教育测评机器人在数学教学中的应用，显著提升了学生数学学习的自我效能感。

由于教育测评机器人在学生端设置了个人错题库，帮助学生系统梳理易错知识点，学生能够精准掌握自己的学习情况，利用错题记录巩固复习，提高学习针对性，有助于提高学生数学自我效能感。这与 Zimmerman、Risemberg 的研究结论类似。[4] 同时，教育测评机器人通过"一对

① Chen, G., Gully, S. M., & Eden, D., "Validation of a New General Self-efficacy Scale", *Organization Research Methods*, Vol. 4, 2001, pp. 62-83.

② Bandura, A., "Perceived Self-efficacy in Cognitive Development and Functioning", *Educational Psychologist*, Vol. 28, 1993, pp. 117-148.

③ Wigfield, A., Eccles, J. S., & Rodriguze, D., "The Development of Children's Motivation in School Contexts", *Review of Research in Education*, Vol. 23, 1998, pp. 73-118.

④ Zimmerman, B. J., Risemberg, R., "Becoming a Self-regulated Writer: A Social Cognitive Perspective ", *Contemporary Educational Psychology*, Vol. 22, 1997, pp. 73-101.

一"诊断与干预,为每个学生制订个性化学习计划与方案,学生能较容易地察觉到学习上的进步,从而会增强自我效能感,自我效能感增强后又能促使学生为自己设定更富有挑战性的目标。这一研究结论与 Bandura 等人的研究结论①一致。

表5-2   后测自我效能感协方差分析

班级	人数	平均值	标准差	调整后的平均值	标准差	F
实验班	50	3.90	0.51	3.85	0.04	10.73 ***
对照班	50	3.15	0.52	3.21	0.04	

注:*** $p < 0.001$。

第五节　小结

"互联网 +"时代背景下,信息技术与教育的融合速度日益加快,互联网教育产品在中小学课堂教学中逐渐被应用。当前,以大数据、物联网、人工智能等为代表的新一代信息技术飞速发展,机器人在教育中的应用前景越来越广阔。教育测评机器人(Educational Evaluation Robot)作为教育行业中的服务机器人,通过模式识别、自然语言理解、机器学习等技术,在不改变学生手写习惯的前提下,全程记录学生解题过程和步骤,实现客观题和主观题的自动评价,自动分析结果,及时诊断学习困难并给予主动干预。本章提出了教育测评机器人的理念构想,设计了三大功能模块、四层系统架构与五个应用策略,在此基础上,与初中数学内容相结合,并在课堂中开展了教学应用。结果显示,教育测评机器人显著提升了学生的数学学习成绩,同时也显著提升了学生的自我效能感。教育测评机器人在课堂教学中的应用,能够满足学生个性化学习需求,为"互联网 +"背景下开展技术支持的个性化学习提供了依据和支撑。

　　人工智能在课堂教学中的应用,能够改变传统学习与教学方式,激

---

① Bandura, A., Schunk, D. H., "Cultivating Competence, Self-motivation", *Journal of Personality and Social Psychology*, Vol. 41, 1981, pp. 586-598.

发学生学习兴趣，满足学生个性化学习需求。研究者应该从重视"技术研发"转向"教育应用"，从而为学生构建高度"个性化"学习环境。[①]学习者在个性化环境下，能够获取较为深刻的感知沉浸性，激发创新能力。[②] 教育测评机器人能够"细颗粒度"地记录、分析学生解题过程，助力"标准化"教育向"个性化"教育过渡，[③] 促使学生在学习过程中不断反思，及时调整学习策略，有助于学生批判性思维等高阶思维能力的培养。

---

① 何克抗：《促进个性化学习的理论、技术与方法——对美国〈教育传播与技术研究手册（第四版）〉的学习与思考之三》，《开放教育研究》2017 年第 2 期。

② 翟雪松、董艳等：《形塑学习（Solid Learning）教学环境下大学生创新能力影响机制研究》，《远程教育杂志》2017 年第 3 期。

③ 黄荣怀、刘德建等：《互联网促进教育变革的基本格局》，《中国电化教育》2017 年第 1 期。

第 六 章

协作思维导图策略促进小学生
习作的行动研究

习作是语文核心素养的重要体现。《义务教育语文课程标准》(2011 年版) 将第二学段和第三学段 (小学 3—6 年级) 的写作称为"习作",习作教学是培养学生思维能力、想象能力、观察能力和语言表达能力的重要手段,是写作教学的关键阶段。然而,"习作难"是小学语文教学中普遍存在的问题,亟须解决。《教育信息化 2.0 行动计划》提出"要坚持信息技术与教育教学深度融合的核心理念",信息技术与学科教学的深度融合是教育改革的重要方向,思维导图作为一种思维可视化工具,以其优化学生构思能力、发散学生思维、促进学生创造性表达等特点在语文习作教学活动中被广泛应用。当前,教学形式注重从个体学习转为协作互助,[1] 学生在协作环境中,通过同伴交流与互动,更易实现个人学习成果最大化。[2] 然而,在当前研究中,思维导图更多的是作为学生独立学习的工具,缺少同伴协作。基于此,本章提出学生协作绘制思维导图促进习作的学习策略,并在小学四年级的习作课程中开展了三轮行动研究。

---

[1] 冯永华:《教育信息化促进教学方式变革》,《教育研究》2017 年第 3 期。

[2] 黄荣怀:《计算机支持的协作学习——理论与方法》,人民教育出版社 2003 年版,第 3 页;郑兰琴:《协作学习的交互分析方法——基于信息流的视角》,人民邮电出版社 2015 年版,第 7—25 页。

第一节　思维导图在写作课上的相关研究

一　思维导图在小学语文教学中的相关研究

思维导图是托尼·巴赞（Tony Buzan）创造的一种笔记方法，是对发散性思维的表达，也是人类思维的自然功能。[①] 构思是写作过程的重要组成部分，[②] 许多研究者关注写作中的构思研究。牟晓燕受《哈佛大学教育学院思维训练课》的启发，阐述了思维导图能够帮助学生对构思进行编排和删减，她指出很多学生在写完 A 作文后却不知道如何写 B 作文，究其原因是教师进行作文指导时的关注点在作文如何写，而不是学生该如何构思。[③] 侯改芳运用思维导图工具来帮助学生提高写作构思能力。[④] 谢素彬结合实验的数据分析和众多教学案例，发现思维导图可以帮助学生拓宽习作选材面、提高谋篇布局能力和辅助习作内容更加具体。[⑤] 关于思维导图的应用策略方面，刘晓萍从习作思路、习作结构、习作表达、习作修改四个方面提出了思维导图应用的详细策略，并在小学六年级开展了行动研究，研究结果表明：思维导图能有效提高小学生的习作能力。[⑥] 邵胜男从拓展关键字、优化作文结构、运用多媒体等方面阐述了思维导图辅助小学作文教学策略，发现思维导图具有激发学生学习兴趣、培养学生发散思维、促进学生内部知识的结构化和立体化、增强学生习作的自信心的积极作用。[⑦] 通过以上分析发现，目前关于思维导图在习作课上的应用研究，主要关注的是学生如何独立使用思维导图，缺少同伴

---

① ［英］托尼·巴赞：《思维导图》，李新译，作家出版社 1999 年版。

② 陶振环：《试论学生写作构思过程的教学干预》，《上海教育科研》2010 年第 7 期。

③ 牟晓燕：《学生思维透明化的点滴思考——以小学语文习作课堂思维导图的应用为例》，《长春教育学院学报》2017 年第 2 期。

④ 侯改芳：《小学情境作文教学策略研究》，上海师范大学，硕士学位论文，2013 年。

⑤ 谢素彬：《思维导图在小学习作教学中的应用研究》，四川师范大学，硕士学位论文，2013 年。

⑥ 刘晓萍：《思维导图在小学六年级语文习作教学中的应用研究》，南京师范大学，硕士学位论文，2016 年。

⑦ 邵胜男：《运用思维导图优化小学作文教学的实践》，《黑龙江教育（理论与实践）》2017 年第 3 期。

协作思维导图的研究。

二　小学写作教学中的协作策略

协作学习（Cooperative Learning，CL）是一种以小组或团队的形式进行学习的策略。[①] 研究者将协作学习用于习作教学中，如 Boscolo 等研究发现协作环境中的写作过程更具有协作性和社交性，学生会更加投入并且有较高的写作动机。[②] Yusuf 等对吉隆坡某学校学生的写作能力的提升开展了研究，结果表明协作学习有利于学生写作成绩和写作技能的提高。[③] 在信息化背景下，有研究者利用信息技术在小学习作教学中开展了协作学习的新尝试。Ahlholm 等研究了基于 Wiki 平台的协作写作，认为使用 Wiki 揭示学生的作文知识构建、小组协作分工以及学生的互动过程，能够辅助教师更好地指导学生的习作；[④] Li 等将基于 Wiki 的写作环境"Joyous Writing Club"（JWC）应用于小学四年级的汉语协作写作，发现基于 Wiki 的协作写作教学法（WCPWP）有利于增强学生互动，提高学生的写作动机。[⑤] 澳大利亚学者 Tanti 在研究中让小学三年级学生使用博客进行写作，发现博客具有的开放性、灵活性等特点，能够提高学生的写作技能，改进学生的写作策略。[⑥]

我国学者也尝试将协作学习应用到小学生写作中。管珏琪等在对电子书包的课堂学习活动进行分析时提到，教师借助一个平台上传学生的

---

① 赵建华、李克东：《协作学习及其协作学习模式》，《中国电化教育》2000 年第 10 期。

② Boscolo, P., Hidi, S., *The Multiple Meanings of Motivation to Write*, Leiden：Brill Academic Publishers, 2007, pp. 1 – 14.

③ Yusuf, Q., Jusoh, Z., Yusuf, Y. Q., "Cooperative Learning Strategies to Enhance Writing Skills Among Second Language Learners", *International Journal of Instruction*, Vol. 12, 2019, pp. 1399 – 1412.

④ Ahlholm, M., Grunthal, S., Harjunen, E., "What does Wiki Reveal about the Knowledge Processing Strategies of School Pupils?", *Scandinavian Journal of Educational Research*, Vol. 61, 2017, pp. 448 – 464.

⑤ Li, X., Chu, S. K. W., Ki, W. W., et al., "Using a Wiki-based Collaborative Process Writing Pedagogy to Facilitate Collaborative Writing Among Chinese Primary School Students", *Australasian Journal of Educational Technology*, Vol. 28, 2012, pp. 159 – 181.

⑥ Tanti, M., "Literacy Education in the Digital Age: Using Blogging to Teach Writing", *Teaching English with Technology*, 2012, pp. 132 – 146.

习作，通过同学协作点评的修改方式来提高学生写作能力。① 与此同时，国内学者提出了小学习作协作教学策略。傅登顺认为目前小学作文教学的"合作"很不到位，"合作"还只是停留在"作"后的评价环节，而非"作"前与"作"中两个必要环节。所以，他从理论层面提出了包含组织形式、教学方式、写作重点、教学评价四个方面的协作写作策略。② 曾超利设计了"轮船作文模式"，即每个小组在教师的指导下进行轮流写作、相互传阅、共同评价，在其实施策略中，首先是进行科学分组和确定组内学生写作顺序，其次详细论述写作阶段的教学计划，最后采取老师评价、组内评价、组间评价等评价方式。③ 由此可见，研究者尝试采用协作方式开展习作教学，注重协作教学策略，但对学生的写作构思关注不够。

三　相关研究述评

分析发现，虽然已有研究将思维导图用于习作教学中，但仍有些问题值得深入研究，主要包括：（1）目前的研究主要集中在让学生自己绘制思维导图进行习作，习作课上的协作只停留在"作"后评价环节，缺少"作"前和"作"中两个必要环节；（2）构思是影响习作教学质量的重要因素，④ 现有的基于 ICT（信息通信技术）的协作学习研究更多关注通过新技术激发学生兴趣，而关注点应从习作如何写转向如何构思。因此，本章设计了面向习作的协作思维导图学习策略，以期在习作教学中提高学生的构思水平，进而提高学生的习作水平。

---

① 管珏琪、祝智庭：《电子书包环境下的课堂学习活动分析》，《电化教育研究》2018 年第 4 期。

② 傅登顺：《让"协作写作"入驻小学作文教学》，《中小学教师培训》2011 年第 9 期。

③ 曾超利：《精诚合作巧学作文——小学中段"轮船"作文教学模式实践与探究》，《亚太教育》2016 年第 29 期。

④ 陶振环：《试论学生写作构思过程的教学干预》，《上海教育科研》2010 年第 7 期。

第二节 协作思维导图促进习作的策略

Boscolo 和 Hidi 研究发现，协作写作可以对学生产生激励作用。[1]Harris 等的研究也表明，策略指导对优化学龄儿童写作技能和写作成绩具有有效性，同伴协作可以提高学生的习作效果。[2] De Smedt 等提出应该促进技术与习作整合，帮助儿童更好地适应信息社会。[3] 本章提出的协作思维导图策略，贯穿习作全过程，具体包括"作"前引导策略、"作"中指导策略及"作"后评价策略。

一 "作"前引导策略

（一）发散思维，确定习作选题

日常习作教学中，教师对于习作主题的讲解主要依据自身的经验，往往忽略小学生的认知特点，以及小学生自身对习作主题的体验和感受，不利于习作教学的开展和发散思维的养成。习作前，教师借助思维导图，以习作主题为中心引导学生发散思维，梳理习作思路，确定习作主题。习作思路以各种颜色的树状分支、分层呈现，教师围绕习作主题，引导学生梳理习作思路。

（二）适时引导，形成习作逻辑

观察学生的习作发现，虽然很多小学生有着丰富的想象力，但是习作逻辑性往往较差。在运用思维导图进行习作构思时，学生也容易出现思路分散的情况，这时教师要适时引导，借助思维导图分层合理、分支有序的特点，让学生的习作思路按照一定的逻辑顺序延展，将学生丰富

---

① Boscolo, P., Hidi, S., *The Multiple Meanings of Motivation to Write*, Leiden：Brill Academic Publishers, 2007, pp. 1 – 14.

② Harris, K. R., Graham, S., Mason, L. H., "Improving the Writing, Knowledge, and Motivation of Struggling Young Writers: Effects of Self-regulated Strategy Development with and without Peer Support", *American Educational Research Journal*, Vol. 43, 2006, pp. 295 – 340.

③ De Smedt, F., Van Keer, H., "A Research Synthesis on Effective Writing Instruction in Primary Education", *Procedia-Social and Behavioral Sciences*, Vol. 112, 2014, pp. 693 – 701.

的想象力恰如其分地融入习作构思。

（三）分析"下水文"，明晰习作构思

"下水文"（即范文）在小学习作教学中起着重要的作用。教师带领学生分析"下水文"的结构、内容、段落、修辞等，利用思维导图清晰明了的图形化呈现特点，让学生体会并逐渐明晰"下水文"的习作构思，在头脑中形成自己的写作思路。

二　"作"中指导策略

（一）开展组内交流，畅谈习作构思

在确定习作主题后，每个学生都会从自身角度安排习作思路。在习作构思最初阶段开展组内协作，交流习作构思，分享习作经验，激发学生习作兴趣。

（二）选取关键词，绘制思维导图

关键词是思维导图的重要构成部分，教师带领学生分析"下水文"后，学生选取关键词绘制思维导图，将习作构思通过思维导图呈现出来，使得杂乱的思路清晰化。在这个阶段，教师要注意学生对关键词的提炼是否合适。

（三）开展协作交流，完善习作构思

学生在自主绘制思维导图后，通过商讨、对话、争论等多种形式开展小组协作活动，开阔新思路，整合新内容。学生采用头脑风暴交流分享，不仅会产生更多新奇的想法，而且习作构思也变得更加明朗。对于组内基础较差的学生，他们可以在组内成员的帮助下打开习作思路，扩展思维导图的分支；对于基础中等的学生，可以在与组内同学的交流中自主完善思维导图；对于基础较好的学生，他们会在组间展示交流的基础上产生新的习作灵感。

（四）从整体出发，修改思维导图

思维导图围绕一个中心主题向四周延伸，具有整体性、开放性的特点，这为习作修改提供了一种可能性。教师要引导学生整体分析思维导图，检查学生习作是否围绕中心主题展开、结构脉络是否清晰、层次结构安排是否合理、主次是否详略得当。学生在思考的过程中可以随时修改思维导图，更改和补充其中的分支。

（五）引导学生反思，完善思维导图

Herder 等在探讨反思性实践在小学生协作习作中的作用的研究中发现，反思对于提高学生的习作水平有重要意义。[①] 通过小组的协商讨论、展示思维导图，不仅在组内产生思考，组间也可以产生思考，组内组间影响同步进行，促进全班学生不断反思，进而对思维导图再修改。

三 "作"后评价策略

（一）呈现思维导图，集体评改习作

习作评改的过程其实是对习作进行自我反省、自我提高的过程。学生只有真正参与习作评改，才能真正提高写作能力。思维导图的呈现方式，可以让学生迅速抓住文章的脉络、厘清文章的思路。通过集体评改的形式，让学生由被动到主动，充分利用师生之间的互动、学生之间的互动，在互动中相互切磋、分享收获、共同进步。

（二）参考评改标注，修改思维导图和习作

教师对学生的习作进行评改并做出标注，学生参考教师给出的标注进行修改。例如，教师针对学生全篇和段落出现的结构性问题给出标注，学生根据标注结合原来的思维导图重新绘制思维导图，厘清文章或段落的构思，完成习作。

第三节 协作思维导图策略促进
习作的行动研究

一 行动研究方案

本研究选取山东某小学四年级一个教学班，开展了为期 14 周共计三轮的行动研究。行动研究开展前，开设为期一周的思维导图课程，让学

---

① Herder, A., Berenst, J., Glopper, K., et al., "Reflective Practices in Collaborative Writing of Primary School Students", *International Journal of Educational Research*, Vol. 90, 2018, pp. 160 – 174.

生掌握思维导图的操作。同时，对学生进行前测，包括思维导图成绩和书面习作构思成绩两部分，思维导图评分标准采用 Evrekli 等①和 D'Antoni 等②开发的思维导图评分量规，习作构思成绩采用王晓龙的小学生习作评价量规中的细构思部分。③

　　行动研究过程中，以小组协作的形式开展习作学习。全班共 54 人，其中男生 28 人，女生 26 人，年龄分布在 9—10 岁之间。小组人数控制在 4—6 人，协作效果最佳。④ 按照思维导图前测成绩进行分组，总分为 6 分，4—6 分为高分段，2.5—4 分为中分段，0—2.5 分为低分段，分组时首先保证每个小组有高、中、低分段学生各一名，然后再与任课教师协商，将剩余学生分配到各小组中，每组平均分在 2.5 分左右。实验班共分为 12 组：4 人组有 9 组，6 人组有 3 组。采用的教材为江苏教育出版社小学语文四年级上册，在每轮行动研究中，将阅读与习作相结合，进行阅读日常思维导图构思训练，在习作课中呈现思维导图作品和习作作品。结合常规语文教学，与教师一起设计三轮行动研究方案（如表 6-1所示）。

表 6-1　　　　　　　　　　　　三轮行动研究方案

	计划	实施	观察	反思
第一轮行动研究	让学生初步体验用思维导图来进行习作构思的过程	教师带领学生用思维导图分析范文，绘制思维导图到第三分支	重点观察学生的思维导图作品与小组协作情况	对于学生绘制思维导图的质量及协作积极性效果进行反思

———————

　　①　Evrekli, E., İnel, D., Balm, A. G., "Development of a Scoring System to Assess Mind Maps", *Procedia-Social and Behavioral Sciences*, Vol. 2, 2010, pp. 2330 - 2334.

　　②　D'Antoni, A. V., Zipp, G. P., Olsom, V. G., "Interrater Reliability of the Mind Map Assessment Rubric in a Cohort of Medical Students", *BMC Medical Education*, Vol. 9, 2009, pp. 19 - 26.

　　③　王晓龙：《小学生习作评价量规——教育部语文现代化学会 A 级科研成果》，《语文教学通讯》2013 年第 Z3 期。

　　④　陈向明：《小组合作学习的组织建设》，《教育科学研究》2003 年第 2 期。

续表

	计划	实施	观察	反思
第二轮行动研究	改善协作学习环境，提高学生绘制思维导图、构思作文的能力	教师带领学生用思维导图分析范文，思维导图绘制到第二分支	重点观察思维导图作品与习作修改环节	对于思维导图的工具性及习作修改质量进行反思
第三轮行动研究	学生协作绘制思维导图并完成习作	学生自己分析范文，绘制思维导图	重点观察学生的思维导图作品与习作的整体水平	反思、调整策略对真实教学更具有适切性

二　第一轮行动研究过程

（一）计划

第一轮行动研究的主要目的是通过阅读课文让学生学会思维导图的绘制技巧，使用思维导图初步体验习作构思的外化过程。本轮行动研究的4篇阅读分别是《但愿人长久》《秋天》《天安门广场》《徐悲鸿励志学画》，两篇习作分别是习作1"按照自己的心愿设立节日"和习作2"通过亲身经历写写自己的长处或本领"。每周2篇阅读，1篇习作。第一轮行动研究开展4周，总计4课时，每课时40分钟。

（二）实施

在实际教学过程中，教师根据"作"前、"作"中和"作"后指导策略，采用"激趣导入—学习'下水文'—自由表达，教师小结—师生评议，完善习作"的基本流程，促进学生对思维导图的感知。在本轮的阅读与习作教学中，教师带领学生用思维导图分析"下水文"，思维导图绘制到第三分支。

（三）观察

从思维导图作品中，研究者较为清楚地看到学生绘制的思维导图有很多分支，但是每个分支的文字特别多，这说明学生的思维已经出现了发散，只是在提取关键词时遇到了困难。同时，研究者发现所有学生绘制的思维导图都是仿照教师给出的例子，习作主题模仿色彩严重，说明学生受教师的影响产生了思维定式，没有打开思路。

课堂讨论环节中，大多数小组进入状态比较慢，有的小组在教师的指导下依然不能进行有序的讨论。分析原因：一方面学生未完成自己的思维导图，无话可说；另一方面是学生在小组内无存在感，未形成小组集体意识。

（四）反思总结

通过对思维导图作品与课堂教学情况的观察，发现以下问题：学生乐于使用思维导图工具进行协作习作，但学生的关键词提取能力差；学生绘制思维导图样式单一、习作主题模仿严重；小组协作过程中，习作能力较差的学生存在感低。

鉴于在第一轮行动研究中发现的问题，在下一轮研究中，建议教师在使用思维导图进行习作构思环节中增加细化关键词提取的练习，增加思维导图多样呈现样式。在策略部分增加"组内交流，畅谈习作构思"策略，给学生时间讨论，打开习作思路；增加"组间协作，反思再构思维导图"策略，增加小组展示、教师提问环节来增强协作效果。

三　第二轮行动研究

（一）计划

根据上一轮行动研究情况，本轮行动研究的目标是使学生在更好的协作环境中提高绘制思维导图、习作构思的能力。本轮行动研究对于学生绘制思维导图的能力要求更高，6 篇阅读分别是：《泉城》《桂花雨》《开天辟地》《普罗米修斯盗火》《说勤奋》《维生素 C 的故事》，3 篇习作的教学话题分别为："以书信形式向朋友介绍家乡""用象声词叙述一件事或者描写一个场景""×××的自述"。第二轮行动研究历时 6 周，共计 6 课时，每课时 40 分钟。

（二）实施

针对第一轮行动研究中出现的问题，教师在教学实施中增加了思维导图的呈现样式，让学生分享有创意的思维导图并进行细化关键词提取的练习，重点关注增加的"组内交流、畅谈习作构思"和"组间协作、反思再构思维导图"两个策略。在本轮行动研究中，教师引导学生用思维导图分析范文，思维导图绘制到第二分支。

（三）观察

在本轮行动研究中，学生们的思维导图创作形式丰富多样，极具个人特色。同时在层级的划分上也具有一定的逻辑性。学生上交的思维导图作品中较少出现密密麻麻文字的情况，大都用关键词标识清楚。虽然有些关键词提取不是特别准确，但是学生已经在尝试这种方法。

通过观察学生的课堂表现，可以看出学生的课堂活跃度比上一轮研究明显提高，较少出现学生自主绘制思维导图难以下笔的情况。在组间协作环节，教师有针对性的提问让习作水平较差的学生得到了组内成员的关注，鼓励他们积极参与组内讨论。但是在提问过程中，出现了学生不认真听同学发言以及注意力明显不集中的现象。在习作修改环节，学生只注重拼写错误、语病的修改，而忽视了结构的修改，突出的问题是没有发挥思维导图对习作修改的作用。

（四）反思总结

与第一轮行动研究相比，第二轮行动研究整体情况（包括思维导图绘制情况、学生协作情况等）好于第一轮，但仍然存在以下问题：（1）学生过多关注思维导图的绘制，思维导图对习作构思的帮助关注不够；（2）组间协作环节，学生注意力容易分散；（3）学生评改热度低，只关注拼写错误及语病。

针对上述问题，计划在下一轮行动研究中，淡化对思维导图的创作性展示，让学生在课上时间充分使用思维导图进行构思，课下可以进行装饰创作；以小组为单位，制定比赛规则，采用奖励和惩罚策略，增强学生的团队意识；增加"借助思维导图，修改习作标注"策略，教师先对思维导图进行初步评改，然后学生完善习作，最后教师再进行批阅，以充分发挥思维导图对学生习作构思的导向作用。

四 第三轮行动研究

（一）计划

经过两轮行动研究后，学生可以较好地绘制思维导图，但完成的习作质量不高。第三轮行动研究的目标是使学生在协作过程中绘制思维导图并完成习作。本轮行动研究包括 4 篇阅读：《诚实与信任》《珍珠鸟》

《雾凇》《春联》，2 篇习作话题："设计卡通人物，编写故事"和"看图再现情景"，第三轮行动研究历时 4 周，共计 4 课时，每课时 40 分钟。

（二）实施

针对第二轮行动研究中出现的问题，教师在教学实施中淡化对思维导图的创作性展示，在协作使用思维导图进行习作构思的过程中制定比赛制度，重点关注"借助思维导图，修改习作标注"策略，其他严格按照前两轮的策略进行。学生自己分析"下水文"，绘制思维导图。

（三）观察

在这一轮行动研究中，学生绘制的思维导图作品比前两轮更加清晰、有条理。学生能够根据构思进行有效写作，作文的段落布局比较有序，逻辑上也比较合理。在小组协作过程中，教师有效运用提问技巧，使得学生的课堂参与度提高，有效发言也较多。同时，学生活跃度提高对教师的课堂把握能力提出了更高的要求。

（四）反思总结

经过三轮的行动研究，发现基于思维导图的小学协作习作学习策略有利于提升学生的习作水平。通过小组协作，学生在课堂上的思维越来越活跃，也能够较好地完成习作任务。写作后结合思维导图的评改也让学生有了习作修改的方向，不再仅仅停留在语病、错别字修改的浅层面上。但是新的策略在实践教学中会存在一些问题，如教师要根据每次的习作主题做出多种预设、备课难度和课时量增大、教师难以把控学生的思维发散等。但是相信随着研究的进一步深入，策略会越来越适应课堂，更好地支持小学习作教学。

第四节　研究结果

在每一轮行动研究过程中，分别记录学生习作构思成绩和思维导图成绩，采用 SPSS 22.0 分别对每一轮行动研究前后的成绩进行配对样本 T 检验，结果表明小学生的习作构思成绩与思维导图成绩均有显著提升。

一 显著提升了小学生的习作构思水平

三轮行动研究过程中,小学生习作构思成绩配对样本 T 检验结果如表 6 – 2 所示。结果显示,在每轮行动研究过程中小学生的习作构思成绩均有显著提升,其中,在第一轮行动研究结束后,习作构思后测成绩显著高于前测成绩($t = 2.75$,$p < 0.01$)。在第一轮行动研究基础上,修改完善学习策略,应用于第二轮行动研究,习作构思成绩后测非常显著地高于前测($t = 4.16$,$p < 0.001$)。与第一轮行动研究策略相比,修改后的学习策略即第二轮行动研究策略,更能提高小学生的习作构思成绩,说明协作思维导图策略的应用需要时间来掌握。在第二轮行动研究中,小学生逐渐采纳并应用于习作构思中,提升效果显著在第二轮行动研究基础上,进一步修改完善学习策略,并应用于第三轮行动研究,习作构思成绩后测非常显著地高于前测($t = 4.26$,$p < 0.001$),说明小学生应用第三轮学习策略,非常显著地提升了习作构思成绩。在行动研究过程中,协作思维导图策略不断完善,对小学生习作构思水平的提升也逐渐显著。

表 6 – 2　　　　　　　　　小学生习作构思成绩配对样本 T 检验

	平均值	标准差	标准误	t
第一轮后测 1 – 前测	0.16	0.42	0.06	2.75 **
第二轮后测 2 – 后测 1	0.34	0.61	0.08	4.16 ***
第三轮后测 3 – 后测 2	0.16	0.27	0.04	4.26 ***

注:** $p < 0.01$,*** $p < 0.001$。

二 显著提高了小学生的思维导图成绩

三轮行动研究过程中,小学生思维导图成绩配对样本 T 检验结果如表 6 – 3 所示。结果显示,在每轮行动研究过程中,小学生的思维导图成绩均有显著提升。在第一轮行动研究结束后,小学生思维导图后测成绩非常显著地高于前测（$t = 7.19$，$p < 0.001$），说明小学生在使用思维导图过程中，第一轮的策略对于提升思维导图成绩具有非常显著的促进作用。根据第一轮行动研究过程中存在的问题，修改完善学习策略，并在第二轮行动研究中应用，与第一轮相比，小学生思维导图成绩显著提升（$t = 3.26$，$p < 0.01$）。在此基础上，继续完善学习策略，并应用于第三轮行动研究，与第二轮相比，小学生思维导图成绩显著提升（$t = 3.25$，$p < 0.01$）。

表6－3　　　　　　　　小学生思维导图成绩配对样本 T 检验

	平均值	标准差	标准误	t
第一轮后测 1－前测	3.24	3.31	0.45	7.19***
第二轮后测 2－后测1	0.80	1.80	0.24	3.26**
第三轮后测 3－后测2	0.57	1.30	0.18	3.25**

注：** $p < 0.01$，*** $p < 0.001$。

第五节　讨论

一　协作思维导图策略提升小学生习作构思水平

小学生在习作过程中，往往出现想到哪里就写到哪里的情况，随意感较强，导致习作结构混乱。学生绘制思维导图的过程也是梳理习作思路的过程。在协作思维导图策略帮助下，学生的习作思路逐渐清晰，习作结构也逐渐完整。在第一轮行动研究中，W 同学第一篇习作主题是叙述一件事来介绍自己的本领或长处。W 同学想写两件事，一是帮妈妈拿西瓜，二是体育测试成绩。他绘制的思维导图也很简单，只有二级分支。他的习作作品只是泛泛陈述事实，材料堆砌，虽然心中有材料，但很难有条理地梳理、展现出来。在第二轮行动研究中，W 同学完成了一篇主题为"用象声词叙述一件事或者描写一个场景"的习作。这次他绘制的思维导图明显较上一次习作的内容丰富了，有了对第三级分支的内容呈现，思路清晰明了，结构比较完整，并且把需要的象声词如"叮叮叮""嗷呜""吼吼吼"等，都具体地标记在了思维导图上。分析该生的习作发现，学生把一件事叙述得较为清楚，即习作构思水平提高。另外，学生在习作中能够准确运用象声词。W同学在访谈中提到，他是习作基础较差的学生，心里有很多素材，在组内同伴的帮助下，容易扩展思维导图分支，打开习作思路，而且在与同伴交流过程中容易产生习作灵感。

关于使用协作思维导图策略对学生习作构思的影响，参与行动研究的L同学分析自身学习经历谈道："与之前的学习不同，开始习作前，在老师的引导下，我会使用思维导图确定习作选题、形成习作逻辑，而不是直接开始习作。这种方法对我构思习作非常有帮助。"参与行动研究的Z同学也谈道："以前自己绘制思维导图，想法单一，思路不够开阔，采用协作的方法，我可以和同伴讨论，讨论过程中产生新的想法，拓宽了思路，及时把习作构思体现在思维导图上。"

二　思维导图成绩与习作构思水平提升显著性不同

在行动研究过程中发现，在第一轮行动研究过程中，小学生思维导图成绩提升非常显著（$t = 7.19$，$p < 0.001$），而习作构思水平提升显著（$t = 2.75$，$p < 0.01$）；在第二轮行动研究过程中，小学生思维导图成绩提升显著（$t = 3.26$，$p < 0.01$），习作构思水平提升非常显著（$t = 4.16$，$p < 0.001$）；在第三轮行动研究过程中，小学生思维导图成绩提升显著（$t = 3.25$，$p < 0.01$），习作构思水平提升非常显著（$t = 4.26$，$p < 0.001$）。小学思维导图成绩第一轮行动研究提升的显著性水平（$t = 7.19$，$p < 0.001$），均高于第二轮行动研究（$t = 3.26$，$p < 0.01$）和第三轮行动研究（$t = 3.25$，$p < 0.01$）。小学生习作构思水平在第一轮行动研究中的提升的显著性水平（$t = 2.75$，$p < 0.01$），均低于第二轮行动研究（$t = 4.16$，$p < 0.001$）和第三轮行动研究（$t = 4.26$，$p < 0.001$）。

小学生思维导图成绩提升的显著性水平在第一轮行动研究中达到最高，而习作构思提升的显著性水平在第二轮、第三轮达到最高。因此，在三轮行动研究过程中，思维导图成绩提升的显著性水平逐渐减弱，而习作构思提升的显著性水平逐渐增强。说明，在应用协作思维导图策略过程中，小学生对技术类工具（如思维导图）的掌握很快，对习作策略的掌握需要一定时间，一旦掌握了，提升幅度是非常显著的。建议在小学习作教学过程中：（1）围绕习作主题，选取关键词，明晰习作构思，绘制思维导图；（2）不断加深协作工具与课堂教学的融合，[①] 激发学生学习兴趣，鼓励学生开展协作交流，引导修改思维导图，完善习作思路；（3）在应用习作策略时，教师需要不断反思，要从关注习作如何写转向关注学生如何构思，逐步引导学生内化为自己的构思策略。

第六节 小结

针对小学语文习作难的现状，本章将思维导图与协作学习结合，提出了小学生协作思维导图促进习作的学习策略，包括"作"前引导策略、"作"中指导策略和"作"后评价策略，并在小学四年级习作课上开展了三轮行动研究，在每轮行动研究后，根据学生反馈，不断修改完善学习策略。研究结果表明：该策略显著提升了小学生的习作构思成绩和思维导图成绩。行动研究对教师提出了更高要求，教师除了把学习策略应用于课堂，还需要在上课过程中不断反思、修改和完善学习策略。同时，情感在协作思维导图过程中的作用及影响，也是下一步应该关注的问题。

---

① 翟雪松、孙玉琏、陈文莉等：《5G 融合的教育应用、挑战与反思》，《开放教育研究》2019 年第 6 期。

第 七 章

翻转课堂教学中视频观看
策略设计与应用

数学是 STEM 教育（科学、技术、工程、数学）中的重要组成部分，对培养学生的创造力至关重要。[1] 然而，花费大部分时间在讲课上、师生互动很少的传统数学教学方式是不成功的。[2] 传统教学方式的不足催生了以翻转课堂为代表的新式教学方式的出现，[3] 且翻转课堂教学方式在K12 教育中受到了广泛关注。[4] 与传统课堂不同，翻转课堂中的学生在家观看事先录制好的视频讲座，并在学校参与练习及其他活动。[5] 翻转课堂也称"反向课堂"或"反向教学"。[6] 但是，在

① Lee, A., "Determining the Effects of Computer Science Education at the Secondary Level on STEM Major Choices in Postsecondary Institutions in the United States", *Computers & Education*, Vol. 88, 2015, pp. 241 – 255.

② Maloy, R. W., & Laroche, I. S., *We, the Students and Teachers*, New York: Suny, 2015.

③ Bergmann, J., & Sams, A., *Flip Your Classroom: Reach Every Student in Every Class Every Day*, Washington D. C.: Internal Society for Technology in Education, 2012. Tucker, B., "The Flipped Classroom", *Education Next*, Vol. 12, 2012, pp. 82 – 83.

④ Chen, Y. – L., Wang, Y., Kinshuk, & Chen, N. – S., "Is Flip Enough? Or Should we Use the Flipped Model Instead?", *Computers & Education*, Vol. 79, 2014, pp. 16 – 27.

⑤ Chen, Y. – L., Wang, Y., Kinshuk, & Chen, N. – S., "Is Flip Enough? Or Should we Use the Flipped Model Instead?", *Computers & Education*, Vol. 79, 2012, pp. 16 – 27.

⑥ Bergmann, J., & Sams, A., *Flip your Classroom: Reach Every Student in Every Class Every Day*, Washington D. C.: Internal Society for Technology in Education, 2012.

K12 教育中，我们无法确定翻转课堂的教学方式是否有效，[1] 也不确定是否班上所有的学生都能从翻转课堂中有所收获。Bishop 和 Verleger 就指出：翻转课堂的关键是发生在课堂中的主动学习。[2] 有研究表明，翻转课堂提高了学生的学习成绩，[3] 并使九年级学生的数学失误率降低了 31%。[4] 然而以往的研究只比较了学生的平均成绩，并没有考虑学生的已有知识水平。

虽然翻转课堂的原则已经嵌入各种形式的教学内容中并应用于不同的教学科目中，但是对不同知识水平的学生在翻转课堂中的学习成绩却鲜有研究。因此，为了填补这一空白，本研究旨在依托中国数学课堂的教育背景，对翻转课堂教学方式进行探索，以提高不同知识水平学生的学习成绩。为此，我们进行了一项准实验，探讨了翻转课堂教学方式对不同数学水平的学生在"有理数及其运算"方面学习成绩的影响。

本章内容结构如下：对目前已开展的翻转课堂的相关工作包括相关教学平台进行分析，介绍适合中小学生的翻转课堂教学流程，尤其是视频观看策略；在此基础上，设计研究，并在烟台某中学开展教学实践；分析实验结果，指出下一步的研究方向。

---

① Toh, Y., Jamaludin, A., Hung, W. L. D., & Chua, P. M. H., "Ecological Leadership: Going Beyond System Leadership for Diffusing School-based Innovations in the Crucible of Change for 21st Century Learning", *The Asia-Pacific Education Researcher*, Vol. 23, 2014, pp. 835 – 850.

② Bishop, J. L., & Verleger, M. A., *The Flipped Classroom: A Survey of the Research. In 120th ASEE National Conference and Exposition, Atlanta, GA (Paper ID 6219)*, Washington D. C.: American Society for Engineering Education, 2013.

③ Schultz, D., Duffield, S., Rasmussen, S. C., & Wageman, J., "Effects of the Flipped Classroom Model on Student Performance for Advanced Placement High School Chemistry Students", *Journal of Chemical Education*, Vol. 91, 2014, pp. 1334 – 1339.

④ Flumerfelt, S., & Green, G., "Using Lean in the Flipped Classroom for at Risk Students", *Educational Technology & Society*, Vol. 16, 2013, pp. 356 – 366.

第一节　翻转课堂及其教学平台相关研究

一　翻转课堂

近来，翻转课堂引起了研究人员和教师的极大关注。Tucker 认为翻转课堂的核心思想就是对传统教学方式的颠覆。[①] 翻转课堂采用各种诸如基于探究的学习、基于项目的学习、基于问题的学习、团队成员合作式学习的教学法来强调在线自主学习和与传统课堂互动的优势。[②③④] 众多教师也在课堂上亲身实践了翻转课堂教学方式，从而让学生能在家观看视频，在学校完成家庭作业。[⑤⑥⑦⑧] 例如，学生在家观看教师预先录制好的视频并做好笔记，然后带着问题来教室上课。至此，教室就成为学生学习先进理念、解决问题的场所。在翻转课堂中，教师能将更多时间用于问题解决、高级概念学习和高阶思维活动上。因此，在翻转课堂中，

---

① Tucker, B., "The Flipped Classroom", *Education Next*, Vol. 12, 2012, pp. 82 – 83.

② Cheng, L., Ritzhaupt, A. D., & Antonenko, P., "Effects of the Flipped Classroom Instructional Strategy on Students' Learning Outcomes: A Meta-analysis", *Educational Technology Research and Development*, Vol. 67, 2019, pp. 793 – 824.

③ Hmelo-Silver, C. E., Duncan, R. G., & Chinn, C. A., "Scaffolding and Achievement in Problem-based and Inquiry Learning: A Response to Kirschner, Sweller, and Clark (2006)", *Educational Psychologist*, Vol. 42, 2007, pp. 99 – 107.

④ Keengwe, J., Onchwari, G., & Agamba, J., "Promoting Effective E-learning Practices Through the Constructivist Pedagogy", *Education and Information Technologies*, Vol. 19, 2014, pp. 887 – 898.

⑤ Kissi, P. S., Nat, M., & Armah, R. B., "The Effects of Learning-family Conflict, Perceived Control Over Time and Task-fit Technology Factors on Urban-rural High School Students' Acceptance of Video-based Instruction in Flipped Learning Approach", *Educational Technology Research and Development*, Vol. 66, 2018, pp. 1547 – 1569.

⑥ Lai, C. L., & Hwang, G. J., "A Self-regulated Flipped Classroom Approach to Improving Students' Learning Performance in a Mathematics Course", *Computers & Education*, Vol. 100, 2016, pp. 126 – 140.

⑦ Pi, Z., Hong, J., & Yang, J., "Does Instructor's Image Size in Video Lectures Affect Learning Outcomes?", *Journal of Computer Assisted Learning*, Vol. 33, 2017, pp. 347 – 354.

⑧ Sergis, S., Sampson, D. G., & Pelliccione, L., "Investigating the Impact of Flipped Classroom on Students' Learning Experiences: A Self-determination Theory Approach", *Computers in Human Behavior*, Vol. 78, 2017, pp. 368 – 378.

教师能单独与学生进行合作。[1] 并且，与传统课堂相比，翻转课堂中的教师有更多的时间向学生提供个性化的学习反馈。

翻转课堂已经出现一段时间了，并且形式多样化，[2][3][4] 研究人员也提出了多种翻转课堂的管理策略。例如 Talbert 讨论了如何在三种模式下将翻转课堂设计应用于线性代数课程：作为学习单一主题的一次性课程设计；作为设计重复系列工作坊的方法；作为设计整个课程的方法。[5] 另外，基于 Spector 教授提出的六支柱框架，[6] Lo 也针对每根支柱的翻转课堂教学提出了 10 条建议。[7] 例如，向学生介绍翻转课堂教学方式并征得父母同意；创建在线互动讨论论坛；在课堂上采用同伴协助学习法等。因此，设计原则是翻转课堂活动中一个至关重要的问题。

二　翻转课堂教学效果

翻转课堂教学方式也被应用于各种教学科目中。[8][9] 例如物理学[10]、

[1]　Tucker, B., "The Flipped Classroom", *Education Next*, Vol. 12, 2012, pp. 82 – 83.

[2]　Chen, Y. - L., Wang, Y., Kinshuk, & Chen, N. - S., "Is Flip Enough? Or Should we Use the Flipped Model Instead?", *Computers & Education*, Vol. 79, 2014, pp. 16 – 27.

[3]　Cheng, L., Ritzhaupt, A. D., & Antonenko, P., "Effects of the Flipped Classroom Instructional Strategy on Students' Learning Outcomes: A Meta-analysis", *Educational Technology Research and Development*, Vol. 67, 2019, pp. 793 – 824.

[4]　Lee, J., Lim, C., & Kim, H., "Development of an Instructional Design Model for Flipped Learning in Higher Education", *Educational Technology Research and Development*, Vol. 65, 2017, pp. 427 – 453.

[5]　Talbert, R., "Inverting the Linear Algebra Classroom", *Primus*, Vol. 24, 2014, pp. 361 – 374.

[6]　Spector, J. M., *Foundations of Educational Technology: Integrative Approaches and Interdisciplinary Perspectives* (2*nd* ed.), New York: Routledge, 2016.

[7]　Lo, C. K., "Grounding the Flipped Classroom Approach in the Foundations of Educational Technology", *Educational Technology Research and Development*, Vol. 66, 2018, pp. 793 – 811.

[8]　Bergmann, J., & Sams, A., *Flip Your Classroom: Reach Every Student in Every Class Every Day*, Washington D. C.: Internal Society for Technology in Education, 2012.

[9]　Tucker, B., "The Flipped Classroom", *Education Next*, Vol. 12, 2012, pp. 82 – 83.

[10]　Capone, R., Sorbo, M. R. D., & Fiore, O., "A Flipped Experience in Physics Education Using CLIL Methodology", *EURASIA Journal of Mathematics, Science and Technology Education*, Vol. 13, 2017, pp. 6579 – 6582.

统计学①、计算机科学②和数学③。虽然研究人员已经把翻转课堂教学方式应用于不同的课程中，但是在不同的情况下翻转课堂教学方式的效果却不尽相同。此前的研究也指出，实施翻转课堂后，学生的学习成绩和自信心得到极大提升。相比之下，一些研究却表明，翻转课堂和传统课堂在学生的成绩提升上没有显著差异。④ Saunders 认为，翻转课堂不是提高学生中学数学学习成绩和批判性思考能力的重要因素，因为它没有考虑到学生的数学知识水平。⑤ Strayer 发现翻转课堂可能会由于缺乏支持而减少学生参与度。⑥

　　翻转课堂作为一种新兴的教学方式，家长和老师都不约而同地担心它的实施效果。因此，我们应该对翻转课堂教学方式的效果进行评估。在中国的教育背景下，已有几项研究将翻转课堂教学方式应用于中国的K12 学校中。例如，Su 和 Huang 介绍了重庆聚奎中学翻转课堂的实践过程，教师制作视频并上传至学校的校园云服务平台，⑦ 学生可以在平台上观看视频、完成练习，从而促进成绩显著提高。Cai、He 和 Yu 也在中国

　　① Strayer, J. F., *The Effects of the Classroom Flip on the Learning Environment: A Comparison of Learning Activity in a Traditional Classroom and a Flip Classroom that Used an Intelligent Tutoring System*, The Ohio State University, 2007.

　　② Talbert, R., "Using MATLAB to Teach Problem-Solving Techniques to First-Year Liberal Arts Students", *Mathworks News and Notes*, Vol. 27, 2011, pp. 10 – 13.

　　③ Lo, C. K., & Hew, K. F., "Using 'First Principles of Instruction' to Design Secondary School Mathematics Flipped Classroom: The Findings of Two Exploratory Studies", *Educational Technology & Society*, Vol. 20, 2017, pp. 222 –236.

　　④ Lee, M. K., "Flipped Classroom as an Alternative Future Class Model?: Implications of South Korea's Social Experiment", *Educational Technology Research and Development*, Vol. 66, 2018, pp. 837 –857.

　　⑤ Saunders, J. M., *The Flipped Classroom: Its Effect on Student Academic Achievement and Critical Thinking Skills in High School Mathematics*, Liberty University, 2014.

　　⑥ Strayer, J. F., "How Learning in an Inverted Classroom Influences Cooperation, Innovation and Task Orientation", *Learning Environments Research*, Vol. 15, 2012, pp. 171 – 193.

　　⑦ Su, Z., & Huang, Z. P., "Students 'Play' Tablet in Class 'Flipped Classroom' Supported by 'Cloud Computing' (in Chinese)", 2012 (http://edu.cqjjnet.com/html/2012 –05/28/ content_16082845.htm).

一所中学建立并应用了翻转课堂教学方式。① 研究结果表明，通过翻转课堂教学方式，学生的信息素养和自主学习能力都得到了提高。本研究侧重于翻转课堂教学方式对六年级学生学习数学的应用效果，以及翻转课堂教学方式与传统课堂教学方式相比是否可以帮助学生更好地学习数学。

尽管有一些研究已经探讨了翻转课堂的预期效益，但是很少有研究探讨翻转课堂在中学数学课堂上对不同数学水平的学生的影响。因此，本研究的另一个研究问题是比较不同数学水平（上学期成绩中的高等、中等、低等水平）的学生在传统课堂和翻转课堂中所取得的效益水平。

本研究旨在解决以下两个问题。

（1）与在传统课堂学习的学生相比，在翻转课堂中学习的学生在"有理数及其运算"方面的表现是否更好？

翻转课堂教学方式已经广泛运用到 K12 教育中。但是不同数学水平的学生对翻转课堂教学方式的效果仍不清楚，由此就引出了本研究的第二个问题。

（2）在两种教学方式（传统课堂与翻转课堂）中，不同"有理数及其运算"知识水平的学生在学习成绩上是否有明显差异？

为了在数学课上实践翻转课堂教学，我们提出了一种翻转课堂的设计方法，并对每节课中翻转课堂教学方式的设计和活动进行解释说明。

第二节　翻转课堂设计及其教学支持系统

翻转课堂的设计原则之一是提供学生熟悉并易于使用的技术。② 在本研究中，教师通过学习平台上传预先录制好的视频讲座，学生可以通过

---

① Cai, J. D., He, Y. T., & Yu, J. M., "Research on Construction and Application of Flipped Classroom Instructional Model on Information Technology Course in Middle School (in Chinese)", *Modern Education Technology*, Vol. 24, 2014, pp. 92 –99.

② Kim, M. K., Kim, S. M., Khera, O., & Getman, J., "The Experience of Three Flipped Classrooms in an Urban University: An Exploration of Design Principles", *The Internet and Higher Education*, Vol. 22, 2014, pp. 37 –50.

该平台观看或下载视频，并进行翻转课堂的活动。因此，在学习平台上，学生可以下载学习视频或工具，与同学和教师讨论课程内容，然后学生再上传学习视频以供他人学习。同时，学习平台也以日志文件的方式记录所有学生的学习活动。学生通过私人电脑或移动设备在家（或任何地方）在线学习课程内容并完成课前活动。学生也可以根据自己的学习进度随时复习之前的学习视频和材料。图 7 - 1 为某数学课程的翻转课堂运行情况及其学习活动。

图 7 - 1 展示了翻转课堂中学生学习平台的四个学习功能。第一，"数据库"功能供教师上传讲座的视频和测验资料。为了帮助学生学习一个概念或主题，并且解决问题，教师可以根据课程目标将一节课分成几个部分并录制视频。此外，他们还可以在课程开始之前根据每个部分提供测验，以了解每位学生的困难。第二，"教师反馈"功能是供教师回答学生的问题。第三，"学生反馈"功能是供学生和老师讨论并分享自己的学习反思。第四，"家长参与"功能是为了确保所有学生都要参与视频讲座的学习。家长要参加学生的学习活动，监督学生的学习，观看录像并且参与前测，以此了解学生的学习成绩。学生每天在这个平台上的平均学习时间约为 25 分钟，包括观看 10 分钟的预先录制的视频讲座、完成 15 分钟的测验。

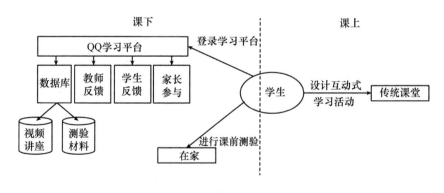

图 7 - 1 翻转课堂系统架构

平台以日志文件的形式记录所有学生的学习行为，包括学生的测试成绩、时间、顺序和经常性错误。这些日志文件可以作为教师了解学生学习过程、反映自身教学内容和进度的基本数据。在翻转课堂中，教师可以根据学生在学习平台上的日志，专门设计学习活动、解决学生问题，所以翻转课堂可能会取代传统课堂。

图7-2展示了翻转课堂的学习流程。圆圈中的数字表示翻转课堂的学习过程由几个步骤组成，而每一步中又包含了一些过程。在学习过程开始之初，教师介绍了翻转课堂的学习单元和学习模式。学生明确了翻转课堂的学习过程之后，便可以在学习平台上学习。如果可以的话，家长也要参与监督学生的学习。在学习平台上，学生可以在任何地方下载学习视频和资料进行学习，也可以与同伴进行讨论，并且学生的学习行为将以学习日志的形式记录在数据库中。教师可以查看学生的学习日志，然后根据学生的反馈和学习状态，如针对错误率高的问题或误解，教师设计并开展课堂讨论。此外，在翻转课堂中，教师会安排学生进行小组讨论。通过双向互动和问答环节，拓展学生对知识的理解。

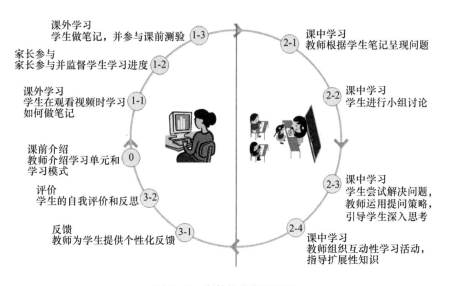

课外学习
学生做笔记，并参与课前测验 1-3

家长参与
家长参与并监督学生学习进度 1-2

课外学习
学生在观看视频时学习 1-1
如何做笔记

课前介绍
教师介绍学习单元和 0
学习模式

评价
学生的自我评价和反思 3-2

反馈
教师为学生提供个性化反馈 3-1

课中学习
教师根据学生笔记呈现问题 2-1

课中学习
学生进行小组讨论 2-2

课中学习
学生尝试解决问题，2-3
教师运用提问策略，
引导学生深入思考

课中学习
教师组织互动性学习活动，2-4
指导扩展性知识

图7-2　翻转课堂学习流程

边看视频边做笔记是翻转课堂设计中的一个重要环节。观看视频过程中，学生做的视频学习单包括四个部分：（1）标题：写下学习的主题；（2）重点内容：观看视频时，暂停并写下重点内容；（3）问题：鼓励学生在观看视频过程中写下疑问，并尝试提出问题；（4）总结：观看完视频后写下总结。在学生开始课外学习之前，教师会进行一次笔记记录培训课程。首先，老师和学生观看同一视频并一起记笔记。其次，学生单独观看视频并做好笔记，直到他们掌握记笔记的技能。

　　学生在课外学习期间观看视频时，可以暂停视频并使用系统自带的笔记表格（学习单）记录学习笔记。学生在观看视频之前，就要准备好便签表格（学习单）。这些表格（学习单）可以帮助学生在传统课堂中一起讨论问题并且深入思考视频的学习内容。此外，学生不仅可以观看视频，还可以暂停或回放视频，写下重要的内容和问题。观看完视频后，学生需要在每节课上课之前完成在线测试（如图7-3所示），一旦学生完成测验，学习平台将自动为每个学生生成测验报告。如果表现不佳，学生们可以再次观看视频，并在表格（学习单）上写下问题。图7-4显

图7-3　学生课前观看视频并完成测验界面

示了支持翻转课堂的学习平台的部分功能，教师可以用这些功能来了解整个班级学生的学习状态，包括检查学生完成课前测验任务以及查看学生课前测验结果等。对尚未完成测验的学生，教师可以通过单击"提醒"按钮向他们发送提醒。这些功能有助于翻转课堂教学顺利开展。

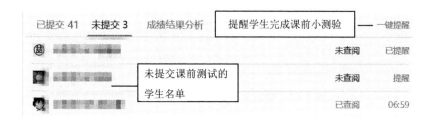

图7-4　教师了解学生完成课前学习任务情况（App 部分功能）

　　图7-5 显示了学习平台的家长邀请功能。家长的参与和监督对学生课外学习活动至关重要。尽管互联网上有很多信息，但其中不乏一些分散学生注意力的信息，特别是对那些自制力低的学生来说，这些学生上课前可能学得很少，这可能会影响他们参与课堂活动。在这种情况下，运用课外学习的策略就显得尤为重要。[①]家长可以帮助学生对他们的学习活动负责，尤其是可以帮助调控他们的学习进度。

　　在完成课外学习之后，学生就要开始进行课堂学习。在课堂学习中，教师呈现学生在课外学习中遇到的问题，并帮助学生讨论问题，从而想出问题的答案。在这一过程中，教师可以运用提问策略，指导学生进行深入思考。当学生提出问题时，教师不会直接给学生答案，而是引导他们深入思考并使用反问策略给出问题的答案。此外，教师还可以根据前测的结果，向学生介绍扩展知识，提供不同难度的数学问题，帮助不同数学知识水平的学生学习数学或向他们发起挑战。

　　对于学生无法正确解决的问题，教师还会录制视频，并附有详细的

---

　　① Rosario, P., Nunez, J. C., Trigo, L., Guimaraes, C., Fernandez, E., Cerezo, R., Figueiredo, M., "Transcultural Analysis of the Effectiveness of a Program to Promote Self-regulated Learning in Mozambique, Chile, Portugal, and Spain", *Higher Education Research & Development*, Vol. 34, 2015, pp. 173 – 187.

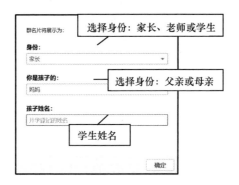

图7-5 邀请家长参与学生课外学习活动

问题解释，供学生课后观看。如果大多数学生都存在这一问题，那么视频将发送到学生的聊天群中以供所有学生观看；如果只有少数学生在某个问题上有困难，这些视频就会被单独发送给这些学生。

表7-1给出了翻转课堂教学中数学课的时间安排。其中，根据学生的笔记提出问题环节（5分钟），教师呈现学生在课前学习中遇到的问题，以及观看视频过程中笔记记录的问题；小组讨论环节（10分钟），学生与小组成员一起讨论问题；引导学生深入思考环节（10分钟），学生试着回答问题；教师掌握运用提问策略，引导学生深入思考；知识拓展环节（15分钟），教师组织互动式学习活动，拓展知识面。

表7-1 翻转课堂中数学课的时间安排

课堂环节	时间（分钟）	具体内容
根据学生的笔记提出问题	5	教师呈现学生在课前学习中遇到的问题，以及观看视频过程中笔记记录的问题
小组讨论	10	学生与小组成员一起讨论问题
引导学生深入思考	10	学生试着回答问题；教师掌握运用提问策略，引导学生深入思考
知识拓展	15	教师组织互动式学习活动，拓展知识面

表7-2列出了传统课堂教学中，数学课的时间安排。其中，复习上

节课所学到的知识环节（5 分钟），教师在黑板上把学生上节课所学到的知识呈现出来，帮助学生复习；讲解新知识环节（15 分钟），学生听教师讲授新知识；例题讲解并完成习题环节（10 分钟），教师讲解例题，要求学生完成 2—3 道随堂练习；总结学习内容环节（10 分钟），教师总结课堂内容，布置家庭作业以供学生练习课堂所学内容。

表 7 – 2 传统课堂中数学课的时间安排

课堂环节	时间（分钟）	具体内容
复习上节课所学到的知识	5	教师在黑板上把学生上节课所学到的知识呈现出来，帮助学生复习
讲解新知识	15	学生听教师讲授新知识
例题讲解并完成习题	10	教师讲解例题，要求学生完成 2—3 道随堂练习
总结学习内容	10	教师总结课堂内容，布置家庭作业以供学生练习课堂所学内容

第三节 研究设计

本研究将实验法和访谈法相结合，用以评估翻转课堂教学方式的效果。在翻转课堂中，教师采用数学考试方式来了解学生的知识水平。而且，为了更好地了解学生的数学学习过程以及影响学生学习成绩的因素，研究者还进行了半结构式访谈。

一 研究对象

我们在山东省烟台市中心的一所中学开展了为期五周的研究实验。本研究以 88 名 11—12 岁的六年级学生为研究对象，以"有理数及其运算"作为学习内容。本研究从该初中一年级的班级中挑选了两个班级分别作为实验组和对照组，实验组和对照组每周各五节数学课，每节课 40 分钟。如表 7 – 3 所示，实验组和对照组共各有 44 人，实验组男生 28 人，女生 16 人；对照组男生 29 人，女生 15 人。研究者根据两组学生的已有知识水平，将每组学生分为高、中、低三种知识水平，分别代表班级数学成绩的前33% 、中33%和后33% 。实验组的学生采用翻转课堂教学方式上课,对照组的学生采用传统课堂教学方式上课。两组均由同一位拥有20年的教学经验且能熟练使用交互式电子白板、几何画板软件等技术设施的教师执教。由于该教师在长期的教学生涯中,有过使用或不使用技术设施的教学经验,因此能够将"同一教师效应"的影响被减至最低。

表7-3 参与本研究的学生情况

	性别		数学水平			总人数
	男	女	高	中	低	
实验组	28	16	14	15	15	44
对照组	29	15	14	15	15	44

二 研究工具

本研究运用的测量工具包括:前测量表(前测评估)、后测量表(后测评估)、后测之后的半结构式访谈。前测旨在了解学生在学习"有理数及其运算"这一单元时已有的知识水平。前测量表由9个单选题(30%)、12个简答题(70%)组成,总分120分,考试后采用100分制计算分数。后测旨在检测学生在传统课堂和翻转课堂这两种不同的教学方式下的学习成绩(即学生学习新知识情况如何)。后测包括两部分:第一部分是基础知识(包括基本概念),由5个单选题(25%)和10个简答题(35%)组成;第二部分旨在评估学生运用所学的"有理数及其运算"解决实际问题的高阶知识水平,包括4个应用题(40%)。例如,有一个问题要求学生把四个外国城市和北京的时差标出来,并同时在钟表下标记出这五座城市的名字。此外,我们还邀请了三位经验丰富的数学教师操作,以保证前测和后测足以有效地评估学生在"有理数及其运算"这一单元中的学习成绩。(内部一致性信度 KR20 = 0.61),表明存在可接受的内部一致性。[1]

---

[1] Cortina, J. M. , "What is Coefficient Alpha? An Examination of Theory and Applications", *Journal of Applied Psychology*, Vol. 78, 1993, p. 98.

半结构式访谈旨在更好地了解学生的学习过程以及可能影响学生数学学习成绩的因素。此外，半结构式访谈有助于今后翻转课堂教学方式的改进。后测之后，教师立即对后测试卷评分，然后选择 6 名学生（2 名学习成绩低的学生，2 名学习成绩中等的学生，2 名学习成绩高的学生）进行后续访谈。所有访谈记录均为逐字记录。访谈问题如下。

·你认为，翻转课堂有哪些优缺点？请举例说明。

·翻转课堂教学方式对你的学习有帮助吗？为什么？请举例说明。

·以后你愿意通过翻转课堂教学方式学习数学吗？为什么？

·你愿意用翻转课堂教学方式学习其他科目吗？为什么？

·你会向你的同伴推荐翻转课堂教学方式吗？你认为这种方法对他们有帮助吗？

·请分享翻转课堂教学方式需要改进的地方。为什么？

采用访谈提纲进行定性主题分析，[①] 以检查重复出现的主题，然后将其与实地观察的结果进行比较和汇总。

三　实验流程

为了评估翻转课堂教学方式的有效性，该实验是通过后测（问卷调查）和访谈等方式进行的。实验程序示意图如图 7-6 所示。

在开展翻转课堂的学习活动之前，教师向实验组学生介绍如何使用学习平台，例如如何下载和播放视频，并介绍了学生在观看视频时可能会遇到的困难。在学习活动中，实验组采用翻转课堂教学方式，而对照组采用传统课堂教学方式。实验组的学生每天需进行 40 分钟的翻转课堂数学学习，且学生必须在上课前自己登录学习平台，完成课前学习活动，如下载和观看视频，提交测验报告，以及在学习平台上参与在线讨论。在传统课堂中，教师先教授新知识，然后解释数学问题。学生们在教室里等待老师告诉他们该学什么、什么时候学以及如何学。下课时，教师会布置家庭作业，让学生练习他们在课堂上学到的东西。学习活动结束

---

① Miles, M. B., Huberman, M., & Saldana, J., *Qualitative Data Analysis：A Uethods Searchbook*, *Soge Publications*, 2018.

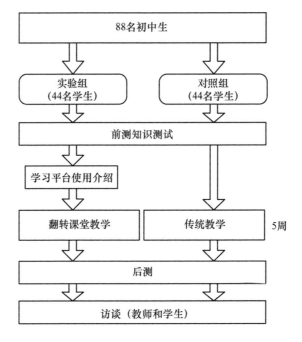

图 7-6 实验程序

后,对所有学生进行后测,以评估他们对"有理数及其运算"的认识,最后,从实验组中选取数学教师和六名学生进行访谈。

四　数据收集

在实验开始之前,通过前测来评估学生已有的数学水平。在实验结束时,通过后测来评估学生数学学习的效果。后测结束后教师立即对后测结果进行评分,并选择了六名低、中、高分数的学生进行后续访谈,每一次访谈都需做好记录和转录。

五　数据分析

本研究使用 IBM SPSS Statistics 21.0 统计软件进行数据分析,用于回答研究问题(1)的分析方法:(1)采用独立 t 检验对前测数据进行分析,以评估实验组和对照组在参与实验前是否具有同等的数学水平;(2)

采用单因素方差分析法对后测数据进行分析，以评估翻转课堂教学方式在实验组和对照组之间的有效性。为了回答研究问题（2），我们采用了以下分析方法：（1）以双因素方差分析法来确定传统课堂和翻转课堂两种学习方式和学生数学水平对数学成绩的影响；（2）以单因素方差分析法来考察实验组，以找出不同数学水平的学生之间的差异。

本研究邀请了两位研究者共同探讨访谈数据的编码方案，直到他们达成一致意见。随后，我们对收集到的访谈数据进行分析，以了解学生的学习情况，并从中得出影响翻转课堂教学效果的因素。

第四节　研究结果

一　翻转课堂与传统课堂学习成绩的比较分析

本研究进行了独立的 t 检验，以了解两组学生在参与实验之前是否具有同等的数学水平。表 7-4 表明了已有知识评估的独立 t 检验结果。实验组的已有知识评估的平均值和标准差分别为 72.98 和 27.51，对照组为 72.00 和 28.58。两组的已有知识水平没有显著差异，$t = 0.16$，$p > 0.05$。因此，这两组学生在参与实验之前具有统计学意义上同等的数学水平。

表 7-4　　　　　　　前测知识测试成绩描述性统计和 t 检验结果

	组别	人数	平均值	标准差	p 值	t
前测	实验组	44	72.98	27.51	0.87	0.16
	对照组	44	72.00	28.58		

表 7-5　　　　　　　后测成绩描述性统计和方差分析结果

	组别	人数	平均值	标准差	F
后测	实验组	44	88.95	20.10	8.65 **
	对照组	44	75.52	22.68	

注：** $p < 0.01$。

本研究还采用了单因素方差分析法（见表 7-5），以评估与对照组相比,实验组采用的翻转课堂教学方式的有效性。后测结果表明,实验组学生的数学成绩明显优于对照组的学生 ($F = 8.65$,$p < 0.01$)。表 7 - 5 列出了原始平均值和标准差,以及后测的方差分析结果。测试结果回答了研究问题 (1),这表明,就获取数学知识来说,学生在翻转课堂中学习比在传统课堂中学习收获更多。

二 不同数学水平学生在不同教学方式下的学习表现

为了探究在传统课堂和翻转课堂中,哪种数学水平(根据上学期的成绩,分为高、中、低三种水平)的学生在课堂上受益最大,本节首先对学生的已有知识评估进行了探讨,以了解实验组和对照组之间是否存在显著差异。根据前测,两组学生的数学水平无显著差异,如表 7 - 6 所示。

表 7 - 6　　　　　　　　　前测数学成绩的描述性统计

数学水平 (因子 B)		高等水平（b_1）			中等水平（b_2）			低等水平（b_3）			平均值
		人数	平均值	标准差	人数	平均值	标准差	人数	平均值	标准差	
学习方法 (因子 A)	翻转课堂 （a_1）	14	98.50	10.64	15	96.80	13.06	15	72.20	22.51	89.167
	传统课堂 （a_2）	14	91.71	15.54	15	68.47	21.89	15	67.47	22.16	75.883

表 7 - 7　　　　　　　　　后测数学成绩的描述性统计

变量	高等水平			中等水平			低等水平		
	人数	平均值	标准差	人数	平均值	标准差	人数	平均值	标准差
翻转课堂	14	86.64	8.50	15	62.13	5.84	15	35.40	12.35
传统课堂	14	85.22	7.93	15	62.80	8.77	15	33.67	14.84

此外,本研究还进行了双因素方差分析,以分析在不同数学知识水平下,两种教学方式对学生数学成绩的影响。表 7 - 7 为后测的描述性统计,表 7 - 8 总结了双向方差分析结果。

　　由表 7-6 可知，翻转课堂的数学成绩（平均值 = 89.167）明显高于传统课堂的数学成绩（平均值 = 75.883），两者的平均差值为 13.284。该结果表明，在翻转课堂学习模式下的学生，数学成绩优于传统课堂学习模式的学生。表 7-6 还显示了，不同数学水平的学生使用这两种学习模式的数学成绩存在显著差异。在翻转课堂中，高等数学水平（平均值 = 98.50）和中等数学水平（平均值 = 96.80）学生的数学成绩明显高于低等数学水平（平均值 = 72.20）的学生。在传统课堂中，高等数学水平（平均值 = 91.71）学生的数学成绩明显高于低等数学水平（平均值 = 67.47）和中等数学水平（平均值 = 68.47）的学生。总体而言，翻转课堂的各个数学水平学生的数学成绩都明显优于传统课堂学生的数学成绩。

表 7-8　　　　　　　　　　　数学成绩双因素方差分析结果

Source	SS	Df	MS	F	Post hoc.
教学方式（A）	3878.193	1	3878.193	11.491 ***	翻转课堂 > 传统课堂
数学水平（B）	9258.177	2	4629.088	13.716 ***	高 > 中 > 低
交互（A×B）	2542.086	2	1271.043	3.766 *	
错误	27674.624	82	337.495		
总计	638605.000	88			

注：$^{*} p < 0.05$；$^{***} p < 0.001$。

　　表 7-8 显示了数学成绩的双因素方差分析结果。结果显示，教学方式对数学成绩的影响显著，$F_{(1, 87)} = 11.491$，$p < 0.001$。这一效应表明，在高、中、低三个数学水平上，学生在两种教学方式下的数学成绩存在差异。学生的数学水平对数学成绩的影响显著，$F_{(2, 87)} = 13.716$，$p < 0.001$。这说明，三种数学水平的学生在翻转课堂和传统课堂这两种教学方式中的数学成绩是不同的。此外，表 7-8 显示了教学方式与学生数学水平之间存在显著的交互作用。所以，要想了解数学成绩的影响因素，就必须先测试出学生的数学成绩，$F_{(2, 87)} = 3.766$，$p < 0.05$。

综合考虑这三种数学水平,我们发现中等数学水平中学生的数学学习成绩存在显著差异。表 7-6 显示,翻转课堂教学方式在中等数学水平的学生成绩上高于传统课堂教学方式。由表 7-9 可知,翻转课堂中的数学成绩显著优于传统课堂,$F(1, 87) = 17.840$,$p < 0.001$。但是数学水平高的学生($F = 0.955$,$p > 0.05$)和数学水平低的学生($F = 0.498$,$p > 0.05$)在这两种教学方式之间无显著差异。

表 7-9 数学成绩的主效应

方差		SS	Df	MS	F	后测
学习方式(A)	in b_1(高知识水平)	322.321	1	322.321	0.955	
	in b_2(中等知识水平)	6020.833	1	6020.833	17.840 ***	翻转教学 > 传统教学
	in b_3(低知识水平)	168.033	1	168.033	0.498n. s.	
数学水平(B)	in a_1(翻转课堂)	6409.609	2	3204.805	9.496 ***	高 > 低;中 > 低
	in a_2(传统课堂)	5390.653	2	2695.327	7.986 ***	高 > 低;高 > 中

注:*** $p < 0.001$。

第五节 讨论

在本研究中提出了翻转课堂教学方式,以提高中学生的数学学习成绩,并通过实验验证了该方法的有效性。本节将讨论翻转课堂教学方式对学生学习成绩的影响以及教师在翻转课堂中的作用。

一 翻转课程教学方式对学生学习成绩的影响

为了回答研究问题:"在翻转课堂中学习的学生在'有理数及其运算'方面是否比在传统课堂中学习的学生表现更好?"本研究发现,参与翻转课堂的学生学习成绩明显优于传统课堂的学生(如表 7-6 所示)。这一结果与 Saunders 的观点不同,他认为翻转课堂并不是提高中学生数学成绩的重要因素。[①] 一位数学教师提到："大多数学生都对翻转课堂教学方式感兴趣，愿意在上课前观看视频并完成练习。例如，一些学生愿意搜索相关数学问题，并在学习平台上分享。"

一些学生说，做笔记有助于他们深入思考并与视频进行良性互动。实验组中一位中等数学水平的学生说："观看视频时我会做笔记，我也会写下我不明白的内容。"观看视频记笔记的方法对学生解决数学问题大有裨益。例如，实验组中一位低等数学水平的学生说："我可以很容易地下载视频并在需要时观看，这使我获得了更多的学习材料。"另一位学生说："视频、文本和交互性学习资料对我们非常有吸引力。"Sankey、Birch 和 Gardiner 指出，生活在信息社会中的学生更愿意在数学课堂中进行多模式学习。[②]

在课堂学习中，教师有更多的互动时间，也能使用提问策略来引导学生积极学习。当学生提问的时候，教师没有直接告诉学生答案，而是引导学生深入思考并使用反问策略来引出答案。实验组中一位高等数学水平的学生提到："这种方法对我非常有益，特别是在课堂学习中，老师使用提问策略并指导我进行深入思考。"Bishop 和 Verleger 还发现，翻转课堂的关键是发生在课堂中的主动学习。[③] 在学生进行课外学习活动时，家长的参与和监督是非常重要的。实验组中一位低等数学水平的学生提到："在家里，我从互联网学到许多知识，但是有些信息会分散我的注意力。妈妈参与其中，并帮助我控制了我的学习进度。"

二　数学知识水平和教学方式对学习成绩的影响

为了回答研究问题："在两种教学方式（翻转教学与传统教学）下，具有不同'有理数及其运算'已有知识水平的学生的学习成绩是否存在显著

---

① Saunders, J. M., *The Flipped Classroom: Its Effect on Student Academic Achievement and Cthinking Skills in High School Mathematics*, Liberty University, 2014.

② Sankey, M., Birch, D., & Gardiner, M., "The Impact of Multiple Representations of Content Using Multimedia on Learning Outcomes Across Learning Styles and Modal Preferences", *International Journal of Education and Development using ICT*, Vol. 7, 2012, pp. 18 – 35.

③ Bishop, J. L., & Verleger, M. A., *The Flipped Classroom: A Survey of the Research. In 120th ASEE National Conference and Exposition, Atlanta, GA (Paper ID 6219)*, Washington D. C.: American Society for Engineering Education, 2013.

差异？"，该研究发现学习成绩受知识水平和教学方式相互作用的影响。表7-8显示了教学方式和学生数学水平对数学成绩的交互作用。表7-9也表明，在中等数学水平上，翻转课堂中学生的学习成绩远高于传统课堂的。根据对数学教师的采访，在传统课堂教学方式下，中等数学水平的学生可能很难提高他们的数学成绩。一位中等数学水平的学生说："在传统课堂中，我大部分时间都听老师讲课，很少有时间去深入思考，也难以及时得到老师的反馈。但是，翻转课堂对我的数学学习有很大帮助。例如，根据课前测验的反馈结果，我可以学习我不理解的内容。在观看视频时，我可以记下笔记，这有助于我深入思考学习的内容。"另一位中等数学水平的学生说："如果我可以运用这种模式来学习英语，我就可以在家里多次观看视频讲座，特别是对于我不太懂的部分可以反复观看。"

然而，这两种学习方式对数学水平高或低的学生的数学成绩没有显著影响。此外，尽管教师向不同的数学水平的学生提供了相同的学习内容，但是数学水平高的学生先前已具有了足够的数学知识，而数学水平低的学生通常缺乏足够的基础知识来学习新知识。有教师提到："成绩高的学生总是积极学习，但是成绩低的学生却没有认真观看视频，也没有完成相关的练习题。"一位数学成绩较高的学生提到："观看视频、参与测验可以帮助我发现哪些概念还没有掌握，同时我也可以积极地学习。"一位数学成绩不佳的学生指出："我的自制力很差，我不能认真观看视频。通常，我需要我的父母监督我完成视频的观看。当我感到困惑时，我也害怕当面向老师咨询问题。"根据访谈结果，无论是在翻转课堂还是在传统课堂学习，较高数学水平的学生都具有较高的自主学习能力。但是，数学水平低的学生在观看视频时自主学习能力较差，同时他们的消极情绪可能会影响他们的数学学习成绩。[①] 因此，在翻转课堂中，已具有较高数学水平的学生所获得的分数明显高于较低数学水平的学生。

---

① Villavicencio, F. T., & Bernardo, A. B., "Beyond Math Anxiety: Positive Emotions Predict Mathematics Achievement, Self-Regulation, and Self-Efficacy", *The Asia-Pacific Education Researcher*, Vol. 25, 2016, pp. 415-422.

表 7 – 10   不同数学水平学生访谈结果反馈

数学水平	学生反应
高	1. 观看视频以及做测验有助于学生积极学习； 2. 课堂提问学习策略帮助学生进行深入思考； 3. 有更多的时间与老师和同伴讨论问题
中	1. 边看视频边做笔记以及课中学习时采用提问策略均可以帮助学生进行深入思考； 2. 课前测验的反馈有助于学生积极学习； 3. 在课堂学习时，会有更多的时间和老师讨论问题，并且提出疑问
低	1. 需要父母的参与来支持课外学习； 2. 上课前观看视频，有助于学生更好地理解学习材料； 3. 害怕在上课时被老师提问

表 7 – 10 根据学生参与翻转课堂的学习经历，总结了不同数学水平学生的相关反馈。正如上述两位中等数学水平学生都提到的，记笔记可以帮助他们深入地思考问题，从而取得更好的成绩，这可能是中等数学水平学生在翻转课堂中数学成绩明显优于传统课堂的重要因素之一。

三　翻转课堂中的教师角色

本研究还指出，教师在翻转课堂中担任的角色至关重要。尤其是当学生的自主学习能力低下时，教师必须确保翻转课堂中的学生在课下也能够真正地遵循翻转课堂的学习模式。在传统课堂中，当学生有疑问时，教师会花更多的时间讲解问题，而很少与他们讨论问题。相比之下，在翻转课堂中，教师花大量的时间引导学生进行互动式学习活动。因此，通过翻转课堂，教师能更方便地为学生提供学习资源，学生可以在课下观看视频。一位学生说："当我在传统课堂中学习时，我只能在课后向老师寻求帮助。但是，通常老师都没有足够的时间回答我们所有的问题。但是，在翻转课堂中，我有更多时间与老师讨论。"另一位成绩较好的学生提到："我们学生需要不同的翻转课堂教学方式来满足我们不同的数学知识水平。"因此，教师应额外再录制两三个视频，以满足不同知识水平的学生，用以支持翻转课堂教学方式的成功开展。尽管传统课堂中也存在师生互动,但是成绩好的学生却表示:"老师只与班上的两个或三个学生讨论问题;但是课堂讨论应该与更多的学生进行互动。"为了能更有效地进行课堂讨论,教师应事先准备问题,组织小组讨论。

第六节 研究展望

本研究将翻转课堂教学方式应用到了山东省烟台市一所中学的数学课程中,通过实验比较了翻转课堂和传统课堂教学方式对学生学习成绩的影响。实验结果表明,与传统课堂相比,翻转课堂中的学生在观看视频时做好笔记,教师利用学生的笔记开展课堂讨论。这可以帮助学生提高学习成绩。而通过对不同数学水平学生的比较,可以发现翻转课堂教学方式对中等数学水平学生的益处似乎大于对高等数学水平和低等数学水平学生的益处。另外,应该注意这项研究的局限性。由于实验组和对照组的样本量都不够大,因此,翻转课堂教学方式需要进行更大的样本量测试。高等数学水平者的后测结果不显著的一个原因可能是样本量不够从而导致测验结果缺乏明显差异。成绩好的学生通常会在平时的班级考试中取得高分,因此,除非后期评估的题目非常难,或者用不同的评估试题来评估成绩好的学生的考试成绩,否则我们很难在他们身上看到显著进步。这是一种自然的测试偏差,除非安排另外的更具挑战性的任务和测验来测量成绩好的学生,否则成绩好的学生很难得到成长。在没有这样做的情况下,我们得出结论认为,在后测设计的制约下,翻转课堂教学方式最适合中等数学水平的学生。此外,不同的教学设计可以提高不同小组学生的成绩。这就需要进行进一步研究,用以确定适合不同数学水平学生的最佳教学设计。

此外,本研究可以为有志于在数学课程中推广翻转课堂活动的教师提供很好的参考。对于希望使用翻转课堂教学方式的数学老师,可以考虑以下原则和步骤以确保翻转课堂教学方式的有效性:(1)选择合适的翻转课堂的学习内容,准备视频,设计适合课外和课堂学习性质的活动;(2)支持翻转课堂的学习平台必须具备以下功能:教师上传视频、学生观看视频、课前测验等;(3)鼓励学生在观看视频时记笔记是翻转课堂设计的重要策略；（4）如果可以的话，邀请家长与孩子一起参与在线学习活动，以监督学生的课外学习。未来的研究应该从自我效能感水平、自主学习、学生学习动机等不同角度来研究翻转课堂的效果。此外，在后测之后，还建议在学习活动的设计中增加一项课后评估，以判断一些学生是否应该重新查看特定的视频，或者教师是否需要重新讲解某些类型的问题。最后，可以根据学生不同的数学水平设计不同的翻转课堂教学方式。

第七节　小结

随着学习技术的进步，研究者们也在不断开发新的教学方式来提高学生的学习成绩。翻转课堂作为一种新的教学方式，引起了研究者的广泛关注，特别是在 K12 教育中。然而，目前仍然缺乏关于有效管理翻转课堂、以提高学生数学学习成绩为目的的方法，本研究探讨了在中国教育背景下翻转课堂的管理策略，并设计了一种提高中学生数学学习成绩的方法。在翻转课堂教学中，学生在家边看视频边做笔记，然后教师根据学生笔记开展课堂讨论。在研究过程中，共选取了某所中学的 88 名初中一年级学生参与该研究。通过教学实验评估翻转课堂的有效性。实验组采用翻转课堂教学方式，对照组采用传统课堂教学方式。实验结果表明，翻转课堂教学极大地提高了学生的数学学习成绩。与高等数学水平和低等数学水平的学生相比，翻转课堂教学方式对中等数学水平的学生更有利。此外，本研究还为教师更有效地管理翻转课堂提供了一些建议。

附　　录

附录一　访谈教育技术领域国际专家基本情况

笔者在美国北得克萨斯大学信息学院学习技术系从事博士后研究期间，共访谈了 7 位教育技术领域的专家，其中包含了 6 位美国教育和通讯技术协会（Association for Educational Communications and Technology，AECT）的现任及前任主席和执行总裁。

一　Jonathan Michael Spector 教授

美国北得克萨斯大学学习技术系教授，曾任美国教育和通讯技术协会主席和《教育技术研究与发展》杂志主编。主编了教育技术界最具影响力的《教育传播与技术研究手册》第三版和第四版。

二　Kinshuk 教授

现任美国北得克萨斯大学信息学院院长，教育技术领域国际知名期刊 *Smart Learning Environment* 杂志创始主编，Springer 出版社 *Lecture Notes in Educational Technology* 和 *Smart Computing and Intelligence* 两大丛书主编。国际智慧学习环境协会（IASLE）副主席。致力于提升新的学科形态和架构方面的研究，以及全球范围内的适应性和个性化学习。研究兴趣包括智能学习环境、学习分析、移动学习、认知分析、互动技术等。

三　Brad Hokanson 教授

曾任美国教育传播与技术协会主席，美国明尼苏达大学（University

of Minnesota）设计学院教授。

四　Eugene Gary Kowch 教授

曾任美国教育传播与技术协会主席，美国教育政策制定及管理部门领导，美国布鲁明顿教育技术和通信协会前任主席。

五　Michael M. Grant 教授

曾任美国教育传播与技术协会主席。

六　Marcus Childress 教授

美国贝克大学（Baker University）教育学院院长、教授，教学设计与技术教育主管。曾任美国教育传播与技术协会主席。

七　Phillip Harris 教授

美国教育传播与技术协会执行总裁。

附录二　访谈美国 Newton Rayzor 小学信息技术老师

笔者在美国北得克萨斯大学信息学院从事博士后研究期间，对位于丹顿独立学区的 Newton Rayzor 小学的信息技术老师 Kelly Born 女士进行访谈。访谈的目的是了解这所小学在日常教学中使用技术产品的情况及效果。

笔者：感谢您能够接受这个访谈，向我们介绍中小学所运用的技术。现在许多科学技术已经广泛应用于中小学以促进学生的个性化学习。那么在这个过程中，有哪些关键性因素会影响技术的使用呢？

Kelly Born：影响技术使用的关键因素有成本、操作的难易程度以及我们所支付的这款技术产品是否会保值。如果我们要对这款技术进行大量投资，那么我们需要考虑它是否会有效地促进学生的个性化学习。同时，也需要考虑它能否满足孩子们的学习需求，毕竟有的孩子做事不够仔细，他们在使用的过程中会直接用手去触摸它，这很容易对其造成损害。另外我们需要考虑的一点是，在技术的支持下，各种应用程序能否有效地应用到课堂中。例如我们现在所使用的 Chrome books 对于孩子们来说，是一个非常不错的选择。

笔者：能详细介绍一下 Chrome books 吗？

Kelly Born：Chrome books 兼具了 Google zine（谷歌电子杂志）和 Chrome（谷歌浏览器）两种性能，是 Google 推出的网络笔记本电脑，并通过谷歌（Google）运行一切。Chrome books 不同于普通电脑，通过与联网的应用程序合作，发挥"云端运算"优势。您在教室里看到的那些笔记本电脑正是我们的 Chrome books。

笔者：通过刚才您提到的，我们了解到还有一些其他的因素也会影响技术的使用，比如，学生和教师是否愿意使用它。

Kelly Born：确实，教师对使用这项技术的意愿如何也会有影响，但实际上我们都很乐意使用它。当我们将技术运用到教学中时，我们都很想让孩子们学得更好。孩子们更愿意倾听、观看并参与课堂。当教师在课堂中使用技术时，学生们很愿意去学习。和我所出生的年代不同，现在的小学生出生在一个技术丰富的时代，是"数字土著"。

　　笔者：是的，如今的学生属于"数字土著"一代，而我们却是"数字移民"。

　　Kelly Born：是的，他们属于"数字土著"。所以当他们看到电脑时，就好像您和我穿着一件衬衫一样，这对我们来说很正常，对吧？现在的小学生使用计算机，只是他们生活的一部分。所以无论是哪个学校的教师都应该明白，孩子们用这种方式可以学得更好。因此我们愿意接受并使用它。

　　当我们购买这些教育产品时，对教师来说，这些教育产品的使用难易程度非常重要。我们可以很容易学会如何使用 Chrome books。从苹果手机上的 Itunes① 应用程序中获取 Mac 书籍是很容易的，但是对教师而言，电脑上的 Itunes 应用程序使用起来就会更加困难。尽管有些学区会为教师购买这些设备，并教他们如何去使用这些设备。但这些学区并不是和我们一样通过 Chrome books 将科学技术带入课堂。有些教室配有 ipad，但数量并不多。从某种意义上来说，我们不希望互联网对学生是完全开放的。我们必须注意哪些信息是学生们可以看到的，因为孩子们能够看到我们不想让他们看到的东西。就我们学校教师的使用意愿，教师们更喜欢使用 Chrome books。

　　笔者：也就是说，你们喜欢使用 Chrome books，因为它很方便？

　　Kelly Born：是的，Chrome books 操作起来很方便也很简单，教师们不仅在学习如何使用屏幕，而且他们也在学习打字以及电脑操作等技巧。

　　笔者：您提到教师应该掌握使用技术的技巧。那由谁来培训这些教师呢？

　　Kelly Born：我会对教师们做一些培训，并且除我之外，还有专业的技术部门，根据教师对技术的使用需求，开展培训工作。得克萨斯州会监督所有的学校和学区。在丹顿独立学区，我们的校董会对各项决策进行评估。您知道，他们设定了我们的财政预算并且对每个人的行为进行

----

　　①　Itunes：苹果手机内的应用程序。

监督。我们的主管在技术方面拥有许多下属部门。因此，技术部门的每个层级都有教学技术和计算机硬件的支持。所以这两个技术部门，一个正在研究我们应该把什么样的电脑放到教室里，我们应该给教师配置什么样的电脑。另一个则研究在教学方面我们将如何使用该技术指导学生学习以及如何更好地培训教师。因此，我们尽力成为这项技术的专家就体现在这里。

笔者： 所以，您将负责对这所学校的教师开展技术培训吗？

Kelly Born： 我会对他们进行培训，我确实是这所学校的领导者之一，但我并不是负责人。我会对他们说，看看我们目前都拥有哪些技术，我们应当尝试将它们应用到教学中去。

笔者： 所以在学校里，你们会通过录视频的方式对教师进行技术培训吗？

Kelly Born： 在这所小学里，我们并没有通过这种方式对教师进行技术培训。Calhoun 是初中部的一位教学专家。如果我们需要 Calhoun 专家或其他高中部的教学专家对教师进行技术培训，我就会邀请他们过来为我们授课。因此，这是一项与初中和高中的合作。同时，图书管理员也会向我们提供帮助，他们有专家的指导，而这些专家总是会在如何选择最好的应用程序上保持敏感性。并且，他们随时准备为我们授课，他们的时间比我多一点，因为我还有图书馆管理的工作。

笔者： 您不仅要管理这所小学，还要管理其他的小学吗？

Kelly Born： 我只在这里工作，但是，有的小学会有 2—3 位老师。

笔者： 您刚刚提到了在高中部工作的专家，但是就像您在小学部的图书馆工作一样，您会和高中部的那些专家一起合作对小学的教师进行技术培训吗？

Kelly Born： 是的，我们会一起合作的。今天早上我发现有人在这里教五年级的学生，他们是来自高中部的技术人员。所以不管是谁有时间，我们的老师都可以向他们寻求技术上的帮助，在这一方面，老师们有很大的自主权，不必经过我的允许才去行动。任何人都可以打电话向教授技术的人员说我们需要你们的帮助。

笔者： 您刚才介绍的是丹顿独立学区的技术服务情况，学区这一层级之上就是州这一层级了，州教育委员会的职责是什么呢？

Kelly Born：州教育委员会下发标准，明确教师该教授哪些内容，即明确哪些是基本知识和技能。这些是我们的标准，是我们需要学习的内容，是我们必须了解的。

笔者：这就是学生应该学的所有东西以及所有科目的标准吗？

Kelly Born：是的，每一个科目，包括信息技术、健康和保健等所有的科目，这是一个大工程。因此，州教育委员会强调，这些标准要求教师使用技术去教学。所以从幼儿园到五年级，我们在讲授这些课程的同时，也在教其他的课程。随着学生的成长，他们会学到越来越多的东西。到了高中，他们需要根据高中的技术标准去学习一些新知识。因此，这是我们所有人的责任，图书管理员、老师、技术专家都应当准确把握我们教学的标准，并能够一直坚持到最后。我们的董事会是负责的，它肯定我们的技术，肯定我们技术专家的专业水平，以此帮助我们进一步明确教学标准。

笔者：在州这一级以及在州以下的一级中，也会有一些部门负责技术吗？

Kelly Born：是的，有一个技术部门。

笔者：丹顿独立学区的董事会是由多少人组成的？

Kelly Born：丹顿独立学区的董事会由六人组成，他们支持丹顿独立学区每所学校的发展、每个级别的活动。董事会的所有人、各所学校的校长们，以及许多在学校图书馆工作的老师都会支持我所做的一切。

笔者：这是来自不同层次的支持，那么，公司在培训方面扮演什么样的角色？

Kelly Born：公司有时会派技术人员来我们学校。有时他们会自愿来，有时我们付钱给他们，他们便会过来。如果我们购买了他们的产品，他们通常会来培训我们，这样我们就会继续购买他们的产品。如果他们不给我们培训，我们就不会继续购买。谷歌有一个项目做得很好，给了我们很多支持。我们可以去谷歌进行学习。同时，公司也会来参加我们的会议，并对教师提供技术培训。

笔者：教师也会参加一些技术会议，或者是在工作场所中学习如何应用技术。当他们将技术学扎实了便可以培训新教师了。

Kelly Born：是的，我就是这样。我学成之后喜欢分享我学到的东西。

笔者：您会与其他教师分享新知识，这其实也是一种培训技术的方式。

Kelly Born：是的，这是一种培训方式。

笔者：您之前提到了创意的成本。那么谁来为产品买单呢？

Kelly Born：我不知道，可能是学区里的人，或者是州里的人。我没有为此付钱，所以我不知道。

笔者：家长们会为此买单吗？

Kelly Born：不会的，我从来没有听说有父母为此付过钱。但可能这是我的个人想法。

笔者：要么是学区，要么是州，或者是学校才会购买产品吗？

Kelly Born：是的，这是我的理解。

笔者：那么您认为使用技术真的能提高学生的学习成绩吗？

Kelly Born：这是个好问题。我相信是的，因为家长更关心学生。作为数字土著，他们对自己正在做的事情感兴趣。如果今天我们还以父母教育我们的方式去教育小学生，那就永远不会成功。我们的父母现在不一样了，教师不一样，孩子也不一样，大家都不一样了。所以我认为技术确实帮助了我们许多。

笔者：所以学生使用技术，如电脑。那么家长和教师会担心他们的视力受影响吗？

Kelly Born：我认为这其中是有一个平衡点的。我们每件事都要做到这一点。这就是为什么我们需要在下课休息的时候带走电脑，我们并不是一直都使用笔记本电脑，我们也通过交谈来学习。在我看来，我们必须要找到一个平衡点。对父母来说也是如此。我是一名母亲，所以我尽量让我的孩子不玩手机，和我们一起聊聊天或者我们一起做点事情来取代玩手机。

笔者：学生被允许带手机进学校吗？

Kelly Born：我认为这种问题会出现在一些高中。这取决于学校的管理制度，也取决于教师的管理措施。所以在我们当中，有一些教师有不同的意见。

（以下是 Kelly Born 演示学校常用的 App）

Kelly Born：现在让我们登入 Messy Desk 这个系统，在这个图书馆里，学生可以访问所有的应用程序。这一系统是由得克萨斯州来支付使用费用，而不是由学区支付费用，因此只有得克萨斯州才能赋予我们这款 App 的使用权。

笔者：不是学区来支付费用？

Kelly Born：由州直接支付费用、下发权限。因为 Google 有时候会出现错误，所以学生才使用这款 App 来进行相关领域的研究。同时 Google 可信度较低，所以这些 App 可以为他们提供不同的数据库来源供他们使用，以弥补 Google 的不足。通过这款 App 学生可以同时进行阅读和研究。

笔者：这款 App 是用来提升阅读水平的吗？

Kelly Born：对的，也可以用来做研究。

笔者：这款 App 是针对几年级的学生呢？

Kelly Born：从学前教育到小学。我了解到小学五年级的学生会使用这款 App。但是因为他们此前还没有为阅读做好准备，所以这对其中一些学生来说有难度。同时学生们有着不同的需求，因此针对这一情况，我们也进行了更深层次的研究以完善这款 App。这个网站和 Google 有所不同，它的搜索功能强于 Google，这是因为它句句属实，毫无虚言。也正因此，一些阅读较慢的学生才可以使用它阅读，而且对提高他们的阅读水平有所帮助。它和其他的也有所不同。对大一点的孩子来说，三四年级的学生也可以使用这个网站。这些 App 都是不一样的，你可以从这些 App 上获取书，学生也能通过电脑下载书籍。所以我们都能通过这些 App 来读书或者听书。

笔者：这些书是电子书吗？

Kelly Born：是电子书。

笔者：那学生们是在平板上阅读电子书吗？

Kelly Born：如果他们有电子书的话会偶尔使用，不会经常用到。

笔者：那会打印出来给学生使用吗？

Kelly Born：我们不会把它们打印出来，至少我没有过，也许别的人做过。但我不希望这样做，毕竟打印如此多数量的纸张会造成大规模的浪费，这也是个人的选择。学生们来到图书馆，既可以在网上查找书籍，也可以阅读书籍。这就是图书馆能给你带来的便利。因为我不是学生，所以我没办法进入图书馆借阅。又因为我不是科任老师，所以我不能进入图书馆。现在我想给你展示一下 Google Classroom（一款谷歌课堂学习软件，支持在线教学、学习和沟通，可以随时随地学习，非常便捷，还支持作业标记、检查、保存资料等），很多老师都会使用这个 App，我们会在这上面进行不同课程的教学。

笔者：那您在家使用多年前的账号吗？

Kelly Born：确切来说，是的。这是我的 Google Drive，谷歌公司推出的一项在线云存储服务，通过这项服务，用户可以获得 15GB 的免费存储空间。同时，用户可以通过付费的方式获得更大的存储空间。用户可以通过统一的谷歌账户进行登录。另外，Google 还会向第三方提供 API 接口，允许人们从其他程序上存内容到 Google Drive，以及和学校有关的文件夹。我在学校做的每一件事都保存在这里面，如今十年的教学生涯已经过去，我记录了过去的每一件事。如果我在家里需要用到它，这时我就会去查看 Google Drive 中相对应的部分。

笔者：不管何时，不论何地。

Kelly Born：Google Drive 非常巧妙，它和 Google Classroom 一样，学生在家里同样可以接触这些课堂。这也是我们喜欢它的地方。还有 Canvas（Canvas 被 Black Duck 标榜为"唯一的一款商业开源学习管理系统，而且是唯一的一款部署在云端的学习管理系统"），我有很多书，人们使用它们都是为了同一件事：无论何时何地都能进行上课。但学校大多还是使用 Google Classroom。这有一个 STEM Scopes。

笔者：您提到的 STEM 指的是什么？

Kelly Born：STEM 包括科学、技术、工程、数学。它是老师教授给学生科学知识的指南，而非课程。因为我没有使用过，所以我不太了解，但这里有另一个可供老师使用的端口。

笔者：您怎么想？

Kelly Born：您认为哪个是核心？

笔者：核心？让我看看 STEM，它是什么呢？

Kelly Born：我没有机会接触到 STEM，我很好奇它是什么。但我不知道，我没有用过它们。

笔者：您使用过的这些 App 是为了用在教学或者学习中吗？

Kelly Born：是的，从幼儿园到十二年级，因为我是老师，我可以把这个 App 运用于教学的任何阶段，且不会变得另类。对我而言，这是在学区的每一位老师的任务。

笔者：好的，我用音频记下了这些 App 的名字。

Kelly Born：嗯，这样您回去能浏览这些 App 并了解它们是什么。

（以下是介绍学校实验室情况）

Kelly Born：学生可以在实验室上课，进行各项实验活动和课堂练习。为了更好地登录实验室平台，学生首先要知道如何登录。学生自己有耳机，他们可以戴上耳机，然后登录平台。（举了身边一个学生的例子，并使用她的账号登录）这就是她（Kelly 老师的学生）的个人账号，只要登录这个账号，她就能继续使用学区或州教育局购买的任何应用程序，州教育局还给我们的孩子购买了那些在学区中也可以使用的程序，学区也会购买一些适合我们孩子使用的应用程序。

笔者：学校还（需要为这些应用程序）付费吗？

Kelly Born：有时，但不经常。

笔者：一般情况下，是州为这些程序付费，还是独立学区来付费？

Kelly Born：通常是独立学区支付费用。（对学生说：我能现在暂时保留你的账户，借用你的账户给魏博士看一些东西吗？然后等我结束展示后就注销你的账户？）（对笔者说）在这里他们可以使用这个 Imagine math 软件（它是世界上最先进的自适应数学应用程序，与美国政府的援助机构合作开发，旨在帮助学生学习数学）。它对每个学生都提供个性化的服务，但是主要针对三年级、四年级和五年级的学生，不关注像她（前面所说的学生）一样的一年级学生，所以她通常不在那里。我为所有学生设置了登录密码，我也可以登录学生的账户，但是不会对账户造成任何不良影响。就像这样（她做出示范），我登录 Imagine math 时，我必须保证我的登录不会对学生使用这个软件造成影响。我认为 Billy（笔者的儿子）有权一直使用它。当他回到家也就是回到中国后，Billy 仍然可以使用 Istation。你们可以尝试，并且如果可能的话我也想知道后续情况（Billy 是否可以继续使用）。

笔者：Billy 喜欢它。

Kelly Born：这个程序确实很好。它作为一个门户，是该地方或学区给孩子们布置力所能及任务的平台。这就是我前几天想展示，但是由于网络问题未能展示的内容。在此页面上，有一些东西是来自图书馆的。学生可以从图书馆获取电子书。页面上的每一个图标都代表不同的应用程序，学生可以将其应用于不同方面的学习，而且我们有权威的图书馆资料。ABCya 的费用由学区来支付，准确地说是由 ISD 来支付。ABCya 是儿童教育游戏的领导者，涵盖数学、语言、艺术、科学和节日琐事等内容，并提供有趣的活动，可以帮助孩子们提高打字技能，甚至创造动画。自 2004 年以来，ABCya 已经为 K 年级至 6 年级的学生创建了 400 多个电脑游戏和应用程序。ABCya 就其本身和幼儿早期阅读来说，是一个还不错的东西。Big Ideas Math 这个程序（模拟现实生活，该系列由著名作家罗恩·拉尔森博士和劳里·博斯韦尔博士编写，采用探索性方法，通过丰富的探索和课堂上的问题解决，让学生进行思维探究），我此前从未使用过它，但它是与数学有关的程序。Blueprint（数学绘图软件）是一个针对学前儿童的教学软件，一年级学生同样也可以用它来认识数字、图案和形状。所以有了上面比较具体的应用程序，Imagine math 对于小孩子来说就很简单。

笔者：是的，他们很喜欢这个软件。

Kelly Born：他们喜欢这个软件，但是我不能登录该软件……也许我可以（虽然我有登录的密码，但我没有学生们的账号）。

笔者：这是 Blueprint 吗？

Kelly Born：是的。我没有学生的登录密码。要想登录 Blueprint，我就需要学生的信息表格来获取软件登录密码。

笔者：Blueprint 主要是针对哪一学科的？

Kelly Born：Blueprint 主要是针对数学的一款软件，Canva 和 Google Classroom 都是在线课堂应用程序。教师可以将作业放在 Google 上。我将在我的课堂上向您展示 Google 课堂。全学区的学生都可以在 Google 上共享信息。Edmodo 不是针对数学的应用程序（为教师提供工具，让他们分享引人入胜的课程，让家长随时了解最新情况，并建立一个充满活力的课堂社区，全新的 Edmodo 应用程序已开始重新设计，专注于如何与学生、家长和老师同事沟通）。我正在浏览这个软件，这里有 Imagine math 幼儿园，还有其他程序，如 Istation 是用于阅读的软件，通过引人入胜的计算机自适应诊断和筛查程序衡量学生的成长；Kahoot 是一个免费的基于游戏的学习平台，老师通过这个游戏检查学生对学习内容的理解；Nearpod 是给学生发送指令的软件（教师可以通过学生的个人设备或计算机演示，或者如果他们单独观看，教师可以跟踪学生的进步情况），它是很新的东西，我们学区为 Nearpod 花了很多钱。它对我们学区来说过于昂贵，可能不止我们学区这样认为。Pearson 是一家出版教材的集团（激活学习的数字工具，该平台借助 My Lab 和 Mastering 可以在线评估数据，告诉学生如何做，从而与学生建立有意义的联系。这些数字平台具有灵活性，可以创建一门课程，以符合学生对课程的独特需求。每门课程都有由本领域的专家作者提供的互动课程的特定内容，可以根据合适的内容进行定制和分配，让学习者更充分地参与），我不知道他们为什么还要使用这些（实体）书。Spring Boards（提供一个鼓舞人心的同行和导师社区，他们热衷于持续学习，分析业务问题，并提出可操作的见解。构建 ML 模型以预测业务成果。构建和部署可扩展的实际 AI 系统。设计、构建和维护尖端数据基础架构）是在中学阶段使用的。Quizlet 是孩子们学习词汇或数学知识的一个软件。Starfall 是一款免费教孩子们用拼音阅读的软件。

笔者：这是给一年级使用的吗？

Kelly Born：给学前儿童甚至比他们还要年幼的学生使用。我不知道现在要不要钱，过去是免费的。

笔者：这个程序也可以在家中使用吗？

Kelly Born：我们的学生可以使用密码登录该门户网站，通过密码登录,整个门户网站都可以在家里使用。学生进入 Denton ISD 并输入 Denton ISD 的账号,然后出现页面并允许他们访问这些所有的信息。因此,数学常用的 App 是我们的 Imagine math。对于高年级的学生,可以使用 Imagine math facts,然后是 Imagine math,我以前在这里都没有看到它,但是 Imagine math 和 Blueprint 都主要针对低年级的学生。然后阅读方面,starfall 和 ABCya 都可以供学生阅读。对于高年级学生来说,Istation 是他们的最佳选择,然后您在此处看到的其他应用程序也只是教师提供指导的不同方式。这些计算机可全天供学生们上课,或者让孩子们学习如何登录、如何使用它们。

参考文献

一　中文参考文献

（一）图书

黄荣怀：《计算机支持的协作学习——理论与方法》，人民教育出版社2003年版。

刘德建、黄荣怀等：《教育机器人的风口——全球发展现状及趋势》，人民邮电出版社2016年版。

娄立志：《县域内农村义务教育校际均衡发展战略研究》，中国社会科学出版社2019年版。

涂金堂：《量表标志与SPSS》，台北五南图书出版公司2012年版。

魏雪峰：《问题解决与认知模拟：以数学问题为例》，中国社会科学出版社2017年版。

郑兰琴：《协作学习的交互分析方法——基于信息流的视角》，人民邮电出版社2015年版。

（二）期刊

曾超利：《精诚合作巧学作文——小学中段"轮船"作文教学模式实践与探究》，《亚太教育》2016年第29期。

陈丽：《"互联网＋教育"的创新本质与变革趋势》，《远程教育杂志》2016年第4期。

陈向明：《小组合作学习的组织建设》，《教育科学研究》2003年第2期。

方圆媛：《翻转课堂在线支持环境研究——以可汗学院在线平台为例》，《远程教育杂志》2014年第6期。

冯永华：《教育信息化促进教学方式变革》，《教育研究》2017年第3期。

傅登顺：《让"协作写作"入驻小学作文教学》，《中小学教师培训》
　　2011 年第 9 期。

龚志武：《新媒体联盟 2015 地平线报告高等教育版》，《现代远程教育研
　　究》2015 年第 2 期。

管珏琪、祝智庭：《电子书包环境下的课堂学习活动分析》，《电化教育研
　　究》2018 年第 4 期。

何克抗：《从"翻转课堂"的本质，看"翻转课堂"在我国的未来发
　　展》，《电化教育研究》2014 年第 7 期。

何克抗：《促进个性化学习的理论、技术与方法——对美国〈教育传播与
　　技术研究手册（第四版）〉的学习与思考之三》，《开放教育研究》
　　2017 年第 2 期。

黄荣怀、刘德建、刘晓琳、徐晶晶：《互联网促进教育变革的基本格局》，
　　《中国电化教育》2017 年第 1 期。

黄荣怀、刘德建等：《教育机器人的发展现状与趋势》，《现代教育技术》
　　2017 年第 1 期。

连榕、罗丽芳：《学业成就中等生和优良生的成就目标、自我监控与学业
　　成绩关系的比较研究》，《心理科学》2003 年第 6 期。

马玉慧、赵乐、李南南、王硕烁：《新型移动学习资源——教育 App 发展
　　模式探究》，《中国电化教育》2016 年第 4 期。

孟静雅：《技术接受模型下高校教师网络教学的行为特征与优化》，《中国
　　电化教育》2014 年第 2 期。

牟晓燕：《学生思维透明化的点滴思考——以小学语文习作课堂思维导图
　　的应用为例》，《长春教育学院学报》2017 年第 2 期。

彭绍东：《论机器人教育（上）》，《中国电化教育》2002 年第 6 期。

邵胜男：《运用思维导图优化小学作文教学的实践》，《黑龙江教育（理论
　　与实践)》2017 年第 3 期。

陶振环：《试论学生写作构思过程的教学干预》，《上海教育科研》2010
　　年第 7 期。

王晓龙：《小学生习作评价量规——教育部语文现代化学会 A 级科研成
　　果》，《语文教学通讯》2013 年第 Z3 期。

王益、张剑平:《美国机器人的教育特点及启示》,《现代教育技术》2007年第 11 期。

吴砥、许林等:《信息时代的中小学生信息素养评价研究》,《中国电化教育》2018 年第 8 期。

余胜泉、王阿习:《"互联网 + 教育"的变革路径》,《中国电化教育》2016 年第 10 期。

翟雪松、董艳等:《基于眼动的刺激回忆法对认知分层的影响研究》,《电化教育研究》2017 年第 12 期。

张思、李勇帆:《基于技术接受模型的高校教师网络教学行为研究》,《远程教育杂志》2014 年第 3 期。

张屹、朱莎、杨宗凯:《从技术视角看高等教育信息化——历年地平线报告内容分析》,《现代教育技术》2012 年第 4 期。

赵呈领、陈智慧等:《适应性学习路径推荐算法及应用研究》,《中国电化教育》2015 年第 8 期。

赵建华、李克东:《协作学习及其协作学习模式》,《中国电化教育》2000年第 10 期。

二 外文参考文献

(一) 图书

Bergmann, J., & Sams, A., *Flip your Classroom: Reach Every Student in Every Class Every Day*, Washington D. C.: Internal Society for Technology in Education, 2012.

Boscolo, P., Hidi, S., *The Multiple Meanings of Motivation to Write*, Leiden: Brill Academic Publishers, 2007.

Devellis, R. F., *Scale Development Theory and Application*, London: Sage, 1991.

Longnecker, Ryan Wayne, *IXL. com—Measuring the Effects of Internet-based Math Instruction on the Math Achievement of Middle School students*, Trevecca Nazarene University, 2013.

Maloy, R. W., & Laroche, I. S., *We, the Students and Teachers*, New

York：Suny，2015.

Miles, M. B., Huberman, M., & Saldana, J., *Qualitative Data Analysis*, 3rd Londan, 2013.

Roschelle, J., et al., *Strength of Research for Reasoning Mind*, Menlo Park, C. A.：SRI International, 2015.

Saunders, J. M., *The Flipped Classroom：Its Effect on Student Academic Achievement and Critical Thinking Skills in High School Mathematics*, Liberty University, 2014.

Spector, J. M., *Foundations of Educational Technology：Integrative Approaches and Interdisciplinary Perspectives (2nd ed.)*, New York：Routledge, 2016.

Strayer, J. F., *The Effects of the Classroom Flip on the Learning Environment：A Comparison of Learning Activity in a Traditional Classroom and a Flip Classroom that Used an Intelligent Tutoring System*, The Ohio State University, 2007.

（二）期刊

Adegbija, M. V., Bola, O. O., "Perception of Undergraduates on the Adoption of Mobile Technologies for Learning in Selected Universities in Kwara State, Nigeria", *Procedia-Social and Behavioral Sciences*, Vol. 176, 2015.

Ahlholm, M., Grunthal, S., Harjunen, E., "What does Wiki Reveal about the Knowledge Processing Strategies of School Pupils?", *Scandinavian Journal of Educational Research*, Vol. 61, 2017.

Brandura, A., Schunk, D. H., "Cultivating Competence, Self-motivation", *Journal of Personality and Social Psychology*, Vol. 41, 1981.

Bandura, A., "Perceived Self-efficacy in Cognitive Development and Functioning", *Educational Psychologist*, Vol. 28, 1993.

Benitti, F. B. V., "Exploring the Educational Potential of Robotics in Schools：A Systematic Review", *Computers & Education*, Vol. 58, 2012.

Blackwell, C. K., Lauricella A. R., Wartella E., "Factors Influencing Digital Technology Use in Early Childhood Education", *Computers & Education*, Vol. 77, 2014.

Bringula, R. P. , "Influence of Faculty-and Web Portal Design-related Factors on Web Portal Usability: A Hierarchical Regression Analysis", *Computers & Education*, Vol. 68, 2013.

Brooke, J. , "SUS: A 'Quick and Dirty' Usability", *Usability Evaluation in Industry*, Vol. 189, 1996.

Cai, J. D. , He, Y. T. , & Yu, J. M. , "Research on Construction and Application of Flipped Classroom Instructional Model on Information Technology Course in Middle School. (in Chinese)", *Modern Education Technology*, Vol. 24, 2014.

Capone, R. , Sorbo, M. R. D. , & Fiore, O. , "A Flipped Experience in Physics Education Using CLIL Methodology", *Eurasia Journal of Mathematics, Science and Technology Education*, Vol. 13, 2017.

Cassino, R. , Tucci, M. , Vitiello, G. , et al. , "Empirical Validation of an Automatic Usability Evaluation Method", *Journal of Visual Languages & Computing*, Vol. 28, 2015.

Cawthon, P. M. , Blackwell, T. L. , Cauley, J. , Kado, D. M. , Barrett-Connor, E. , Lee, C. G. , & Ensrud, K. E. , "Evaluation of the Usefulness of Consensus Definitions of Sarcopenia in Older Men: Results From the Observational Osteoporotic Fractures in Men Cohort Study", *Journal of the American Geriatrics Society*, Vol. 63, 2015.

Chang, C. W. , Lee, J. H. , et al. , "Exploring the Possibility of Using Humanoid Robots as Instructional Tools for Teaching a Second Language in Primary School", *Journal of Educational Technology & Society*, Vol. 13, 2010.

Chen, G. , Gully, S. M. , & Eden, D. , "Validation of a New General Self-efficacy Scale", *Organization Research Methods*, Vol. 4, 2001.

Chen, H. R. , & Huang, J. G. , "Exploring Learner Attitudes toward Web-based Recommendation Learning Service System for Interdisciplinary Applications", *Educational Technology & Society*, Vol. 15, 2012.

Chen, Y. - L. , Wang, Y. , Kinshuk, & Chen, N. - S. , "Is Flip Enough? Or Should we Use the Flipped Model Instead?", *Computers & Education*, *Vol.* 79, 2014.

Cheng, Y. W., Sun, P. C., Chen, N. S., "The Essential Applications of Educational Robot: Requirement Analysis from the Perspectives of Experts, Researchers and Instructors", *Computers & Education*, Vol. 126, 2018.

Cheng, L., Ritzhaupt, A. D., & Antonenko, P., "Effects of the Flipped Classroom Instructional Strategy on Students' Learning Outcomes: A Meta-analysis", *Educational Technology Research and Development*, Vol. 67, 2019.

Chu, H. C., Hwang, G. J., Tsai, C. C., et al., "A Two-tier Test Approach to Developing Location-aware Mobile Learning Systems for Natural Science Courses", *Computers & Education*, Vol. 55, 2010.

Cortina, J. M., "What is Coefficient Alpha? An Examination of Theory and Applications", *Journal of Applied Psychology*, Vol. 78, 1993.

D'Antoni, A. V., Zipp, G. P., Olsom, V. G., "Interrater Reliability of the Mind Map Assessment Rubric in a Cohort of Medical Students", *BMC Medical Education*, Vol. 9, 2009.

Daniel, J., "Making Sense of MOOCs: Musings in a Maze of Myth, Paradox and Possibility", *Journal of Interactive Media in Education*, Vol. 18, 2012.

Davis, F. D., "Perceived Usefulness, Perceived Ease of Use, and User Acceptance of Information Technology", *MIS Quarterly*, Vol. 13, 1989.

DeSmedt, F., Van Keer, H., "A Research Synthesis on Effective Writing Instruction in Primary Education", *Procedia-Social and Behavioral Sciences*, Vol. 112, 2014.

Escobar-Rodriguez, T., Monge-Lozano, P., "The Acceptance of Moodle Technology by Business Administration Students", *Computers & Education*, Vol. 58, 2012.

Flumerfelt, S., & Green, G., "Using Lean in the Flipped Classroom for at Risk Students", *Educational Technology & Society*, Vol. 16, 2013.

Funkhouser, B. J., Mouza, C., "Drawing on Technology: An Investigation of Preservice Teacher Beliefs in the Context of an Introductory Educational Technology Course", *Computers & Education*, Vol. 62, 2013.

Georgsson, M., & Staggers, N., "Quantifying Usability: An Evaluation of a Diabetes MHealth System on Effectiveness, Efficiency, and Satisfaction Metrics with Associated User Characteristics", *Journal of the American Medical Informatics Association*, Vol. 23, 2016.

Harrati, N., Bouchrika, I., Tari, A., et al., "Exploring User Satisfaction for E-learning Systems Via Usage-based Metrics and System Usability Scale Analysis", *Computers in Human Behavior*, Vol. 61, 2016.

Harris, K. R., Graham, S., Mason, L. H., "Improving the Writing, Knowledge, and Motivation of Struggling Young Writers: Effects of Self-regulated Strategy Development with and without Peer Support", *American Educational Research Journal*, Vol. 43, 2006.

Herder, A., Berenst, J., Glopper, K., et al., "Reflective Practices in Collaborative Writing of Primary School Students", *International Journal of Educational Research*, Vol. 90, 2018.

Hmelo-Silver, C. E., Duncan, R. G., & Chinn, C. A., "Scaffolding and Achievement in Problem-based and Inquiry Learning: A Response to Kirschner, Sweller, and Clark (2006)", *Educational Psychologist*, Vol. 42, 2007.

Hwang, G. J., Wu, C. H., Tseng, J. C. R., & Huang, I., "Development of a Ubiquitous Learning Platform Based on a Real-time Help-seeking Mechanism", *British Journal of Educational Technology*, Vol. 42, 2011.

Ke, F., & Kwak, D., "Online Learning Across Ethnicity and Age: A Study on Learning Interaction Participation, Perception, and Learning Satisfaction", *Computers & Education*, Vol. 61, 2013.

Keengwe, J., Onchwari, G., & Agamba, J., "Promoting Effective E-Learning Practices through the Constructivist Pedagogy", *Education and Information Technologies*, Vol. 19, 2014.

Khan, M. L., Wohn, D. Y., Ellison, N. B., "Actual Friends Matter: An

Internet Skills Perspective on Teens' Informal Academic Collaboration on Facebook", *Computers & Education*, Vol. 79, 2014.

Kiełtyka, B., Rawojć, K., Kisielewicz, K., & Markiewicz, I., "Evaluation of the Usefulness of dose Calculation Algorithms in Radiotherapy Planning", *Radiotherapy and Oncology*, Vol. 118, 2016.

Kim, M. K., Kim, S. M., Khera, O., & Getman, J., "The Experience of Three Flipped Classrooms in an Urban University: An Exploration of Design Principles", *The Internet and Higher Education*, Vol. 22, 2014.

Kissi, P. S., Nat, M., & Armah, R. B., "The Effects of Learning-family Conflict, Perceived Control Over Time and Task-fit Technology Factors on Urban-rural High School Students' Acceptance of Video-based Instruction in Flipped Learning Approach", *Educational Technology Research and Development*, Vol. 66, 2018.

Lai, C. L., & Hwang, G. J., "A Self-regulated Flipped Classroom Approach to Improving Students' Learning Performance in a Mathematics Course", *Computers & Education*, Vol. 100, 2016.

Lee, A., "Determining the Effects of Computer Science Education at the Secondary Level on STEM Major Choices in Postsecondary Institutions in the United States", *Computers & Education*, Vol. 88, 2015.

Lee, J., Lim, C., & Kim, H., "Development of an Instructional Design Model for Flipped Learning in Higher Education", *Educational Technology Research and Development*, Vol. 65, 2017.

Lee, M. K., "Flipped Classroom as an Alternative Future Class Model?: Implications of South Korea's Social Experiment", *Educational Technology Research and Development*, Vol. 66, 2018.

Li, X., Chu, S. K. W., Ki, W. W., et al., "Using a Wiki-based Collaborative Process Writing Pedagogy to Facilitate Collaborative Writing among Chinese Primary School Students", *Australasian Journal of Educational Technology*, Vol. 28, 2012.

Li, Y., Duan, Y., Fu, Z., et al., "An Empirical Study on Behavioural

Intention to Reuse E‐learning Systems in Rural China", *British Journal of Educational Technology*, Vol. 43, 2012.

Liao, Y. C., Liao, C. W., Chen, C. H., & Liao, Y. H., "A Study on Learning Effects of Integrating Information Technology into Electronics Curriculum Teaching", *International Journal of Information and Education Technology*, Vol. 6, 2016.

Lo, J. J., Chan, Y. C., Yeh, S. W., "Designing an Adaptive Web-based Learning System Based on Students' Cognitive Styles Identified Online", *Computers & Education*, Vol. 58, 2012.

Lo, C. K., "Grounding the Flipped Classroom Approach in the Foundations of Educational Technology", *Educational Technology Research and Development*, Vol. 66, 2018.

Lo, C. K., & Hew, K. F., "Using 'First Principles of Instruction' to Design Secondary School Mathematics Flipped Classroom: The Findings of Two Exploratory Studies", *Educational Technology & Society*, Vol. 20, 2017.

Marco, F. A., Penichet, V. M. R., Gallud, J. A., "Collaborative E-Learning through Drag & Share in Synchronous Shared Workspaces", *Journal of Universal Computer Science*, Vol. 19, 2013.

Orfanou, K., Tselios, N., Katsanos, C., "Perceived Usability Evaluation of Learning Management Systems: Empirical Evaluation of the System Usability Scale", *The International Review of Research in Open and Distributed Learning*, Vol. 16, 2015.

Papastergiou, M., "Digital Game-based Learning in High School Computer Science Education: Impact on Educational Effectiveness and Student Motivation", *Computers & Education*, Vol. 52, 2009.

Persico, D., Manca, S., Pozzi, F., "Adapting the Technology Acceptance Model to Evaluate the Innovative Potential of E-learning Systems", *Computers in Human Behavior*, Vol. 30, 2014.

Petko, D., Egger, N., Cantieni, A., et al., "Digital Media Adoption in Schools: Bottom-up, Top-down, Complementary or Optional?", *Computers &*

Education, Vol. 84, 2015.

Pi, Z. , Hong, J. , & Yang, J. , "Does Instructor's Image Size in Video Lectures Affect Learning Outcomes?", *Journal of Computer Assisted Learning*, Vol. 33, 2017.

Ping, Jr R. A. , "On Assuring Valid Measures for Theoretical Models Using Survey Data", *Journal of Business Research*, Vol. 57, 2004.

Pituch, K. A. , Lee, Y. , "The Influence of System Characteristics on E-learning Use", *Computers & Education*, Vol. 47, 2006.

Renaut, C. , Batier, C. , Flory, L. , et al. , "Improving Web Site Usability for a Better E-learning Experience", *Current Developments in Technology-assisted Education*, Vol. 17, 2006.

Rosario, P. , Nunez, J. C. , Trigo, L. , Guimaraes, C. , Fernandez, E. , Cerezo, R. , Figueiredo, M. , "Transcultural Analysis of the Effectiveness of a Program to Promote Self-regulated Learning in Mozambique, Chile, Portugal, and Spain", *Higher Education Research & Development*, Vol. 34, 2015.

Sankey, M. , Birch, D. , & Gardiner, M. , "The Impact of Multiple Representations of Content Using Multimedia on Learning Outcomes Across Learning Styles and Modal Preferences", *International Journal of Education and Development Using ICT*, Vol. 7, 2012.

Schultz, D. , Duffield, S. , Rasmussen, S. C. , & Wageman, J. , "Effects of the Flipped Classroom Model on Student Performance for Advanced Placement High School Chemistry Students", *Journal of Chemical Education*, Vol. 91, 2014.

Sergis, S. , Sampson, D. G. , & Pelliccione, L. , "Investigating the Impact of Flipped Classroom on Students' Learning Experiences: A Self-determination Theory Approach", *Computers in Human Behavior*, Vol. 78, 2017.

Strayer, J. F. , "How Learning in an Inverted Classroom Influences Cooperation, Innovation and Task Orientation", *Learning Environments Research*, Vol. 15, 2012.

Talbert, R. , "Using Matlab to Teach Problem-Solving Techniques to First-Year Liberal Arts Students", *Mathworks News and Notes*, Vol. 27, 2011.

Talbert, R. ,"Inverting the Linear Algebra Classroom", *Primus*, Vol. 24, 2014.

Thowfeek, M. H. , Jaafar A. , "The Outlook of the UGC on the Implementation of E-learning System at the Higher Educational Institutions in Sri Lanka", *Procedia-Social and Behavioral Sciences*, Vol. 65, 2012.

Toh, E. , Poh, L. , et al. , "A Review on the Use of Robots in Education and Young Children", *Journal of Educational Technology & Society*, Vol. 19, 2016.

Toh, Y. , Jamaludin, A. , Hung, W. L. D. , & Chua, P. M. H. , "Ecological Leadership: Going Beyond System Leadership for Diffusing School-based Innovations in the Crucible of Change for 21st Century Learning", *The Asia-Pacific Education Researcher*, Vol. 23, 2014.

Tondeur, J. , Van Keer, H. , Van Braak, J. , et al. , "ICT Integration in the Classroom: Challenging the Potential of a School Policy", *Computers & Education*, Vol. 51, 2008.

Torkzadeh, G. , Koufteros, X. , Pflughoeft, K. , "Confirmatory Analysis of Computer Self-efficacy", *Structural Equation Modeling*, Vol. 10, 2003.

Tucker, B. , "The Flipped Classroom", *Education Next*, Vol. 12, 2012.

Urh, M. , Vukovic, G. , Jereb, E. , "The Model for Introduction of Gamification into E-learning in Higher Education", *Procedia-Social and Behavioral Sciences*, Vol. 197, 2015.

Venkatesh, V. , Bala, H. , "Technology Acceptance Model 3 and a Research Agenda on Interventions", *Decision Sciences*, Vol. 39, 2008.

Venkatesh, V. , & Davis, F. D. , "A Model of the Antecedents of Perceived Ease of Use: Development and Test", *Decision Sciences*, Vol. 27, 1996.

Villavicencio, F. T. , & Bernardo, A. B. , "Beyond Math Anxiety: Positive Emotions Predict Mathematics Achievement, Self-Regulation, and Self-Efficacy", *The Asia-Pacific Education Researcher*, Vol. 25, 2016.

Wang, S. L. , Hwang, G. J. , "The Role of Collective Efficacy, Cognitive

Quality, and Task Cohesion in Computer-supported Collaborative Learning (CSCL)", *Computers & Education*, Vol. 58, 2012.

Wigfield, A., Eccles, J. S., & Rodriguez, D., "The Development of Children's Motivation in School Contexts", *Review of Research in Education*, Vol. 23, 1998.

Wu, C. H., Hwang, G. J., Kuo, F. R., "Collab-Analyzer: An Environment for Conducting Web-based Collaborative Learning Activities and Analyzing Students' Information-searching Behaviors", *Australasian Journal of Educational Technology*, Vol. 30, 2014.

Yui, B. H., Jim, W. T., Chen, M., Hsu, J. M., Liu, C. Y., & Lee, T. T., "Evaluation of Computerized Physician Order Entry System—A Satisfaction Survey in Taiwan", *Journal of Medical Systems*, Vol. 36, 2012.

Yusuf, Q., Jusoh, Z., Yusuf, Y. Q., "Cooperative Learning Strategies to Enhance Writing Skills among Second Language Learners", *International Journal of Instruction*, Vol. 12, 2019.

Zimmerman, B. J., Risemberg, R., "Becoming a Self-regulated Writer: A Social Cognitive Perspective", *Contemporary Educational Psychology*, Vol. 22, 1997.

后　记

本书是国家社会科学基金教育学一般课题"面向个性化学习的中小学互联网教育服务评价体系研究"（课题批准号：BCA170075）资助的研究成果，也是我多年来围绕基础教育领域信息技术教育应用相关研究的积累和总结。

书稿撰写过程正经历新冠疫情期间"停课不停学"，以及"后疫情"时代线上线下混合式教学。线上教学作为线下教学的重要补充，既是疫情背景下教育教学的应急之策，也是信息技术支持的教育新生态的超大规模试验。在此期间，中小学生使用了不同的互联网教育产品开展线上学习，这些互联网教育产品在方便学生学习的同时，也带来了种种挑战。开展互联网教育产品分析与评价，是衡量互联网教育服务质量的重要依据，也是开展"互联网＋教育"、促进个性化学习的重要保障。

教育是国之大计、党之大计。党的二十大报告首次将"推进教育数字化"写入"办好人民满意的教育"部分，提出推进教育数字化，建设全民终身学习的学习型社会、学习型大国。目前，我国正在深入实施教育数字化战略行动，积极推动教育变革和创新。互联网教育服务体系建设是推进教育数字化的重要内容。本书对中小学互联网教育服务体系的分析、评价与实践，能够对我国基础教育数字化转型提供借鉴和参考。

在鲁东大学教师教育学院工作期间，我还兼任鲁东大学实验小学副校长。期间，经常深入中小学与一线教师交谈，了解互联网教育产品在中小学课堂教学中的实际使用情况及效果，促使我不断思考如何分析、评价中小学互联网教育服务体系，进而考虑如何设计互联网教育产品，满足中小学生个性化学习需求。感谢各位中小学校长在课题开展过程中提供的支持和帮助。感谢参与该课题的中小学一线教师，感谢你们热心的支持和配合，为课题研究提供了宝贵案例。

感谢美国北得克萨斯大学（University of North Texas）信息学院院长 Kinshuk 教授。Kinshuk 教授学术造诣深厚、学风严谨、待人谦和，在我博士后研究期间，他虽然工作繁忙，但依然坚持每周例会制度，对我严格要求，悉心指导，为我深入美国中小学开展调研提供各种帮助。感谢美国教育传播与技术协会前主席 Jonathan Michael Spector 教授、Brad Hokanson 教授、Eugene Gary Kowch 教授、Michael M. Grant 教授、Marcus Childress 教授的支持和帮助，让我深入了解美国中小学互联网教育产品。感谢美国北得克萨斯大学 Lin Lin 教授、Gerald A. Knezek 教授在课题研究过程中提供的帮助。

感谢中国社会科学出版社的老师们，她们为本书的修改和出版提供了无私的帮助。

感谢课题组全体成员，感谢我的研究生们，他们认真整理、分析研究数据，才使得课题得以按时完成。

在本书撰写的过程中，课题组学习、吸取和借鉴了国内外许多同行的优秀研究成果，在此深表谢意。

在本书写作过程中，虽然作者耗时竭力，对书中内容字斟句酌，但由于学识有限，难免有不妥之处，望大家不吝赐教。

魏雪峰

2023 年 5 月